하버드 스트레스 수업

HARVARD

— STUDY FOR RELIEVING STRESS —

하버드
스트레스
수업

— 왕팡 지음 | 송은진 옮김 —

와이즈맵

우리를 죽이는 것은 스트레스가 아니다.
그것을 받아들이는 우리의 태도에 달려 있다.

- 한스 셀리에(내분비학자, 스트레스 연구 분야의 창시자) -

왕팡 박사는 스트레스를 과학적이면서도 이해하기 쉽게 해석해 독자들의 이해를 돕는다. 이 책은 스트레스가 우리의 생활에 미치는 영향을 설명하고, 모든 사람이 배워 활용할 수 있는 심신훈련법을 상세하게 소개하고 있다. 장담컨대 이 방법들은 모두 당신의 스트레스를 완화하는 데 탁월한 효과가 있다. 특히 왕팡 박사는 그간의 연구와 임상 경험, 중국 전통의학 속 심신훈련을 하버드 의대 매사추세츠 종합병원 BHI의 SMART 프로그램에 접목해서 동양인들에게 최적화한 'SMART-C 프로그램'을 창안했다. 이는 SMART 프로그램의 발전 역사에 기록될 만한 커다란 공헌이다. 이렇게 '동양화'된 심신훈련법은 동양인의 생활방식과 결합해 그들의 건강을 지키고 스트레스로 발생하는 만성 비전염성 질환을 예방해줄 것이다.

SMART 프로그램을 창시한 허버트 벤슨 교수는 이미 연로해 최근 몇 년 동안 다른 책의 추천사를 쓰지 않았다. 그런 그가 첫 번째 중국인 제자이자 동료인 왕팡 박사의 책만큼은 예외로 내게 추천사 대필을 부탁했다. 벤슨 교수와 나는 이 훌륭한 책을 적극적으로 추천하는 바다! 이 책이 더 많은 독자의 선택을 받아 꾸준히 읽히기를, 모든 독자가 원하는 효과를 얻기를 간절히 바란다!

그레고리 프릭치오니Gregory Fricchione, 하버드 의대 교수 / BHI 소장

허버트 벤슨Herbert Benson, 하버드 의대 교수 / SMART 프로그램 창시인

지난 수십 년 동안 스트레스와 건강의 관계에 대한 대중의 이해도가 매우 높아졌다. 하버드 의대 매사추세츠 종합병원의 BHI는 스트레스 연구, 관련 임상 경험, 전문 인재 배출 분야에서 줄곧 세계 최고의 자리를 지키고 있다. 이 책의 저자인 왕팡 박사는 BHI가 배출한 뛰어난 인재이자 이곳에 온 첫 번째 중국인이다. 왕 박사는 BHI에서 2년여에 걸쳐 스트레스에 관한 전문 지식, 스트레스 관리법 및 기술을 배워 이 분야의 전문가가 되었다.

왕 박사가 BHI에서 배운 내용을 토대로 쓴 이 책은 먼저 스트레스를 과학적으로 분석하고, 현대 과학과 의학을 기초로 그것이 우리의 건강에 어떤 영향을 미치는지 소개한다. 이어서 만성 스트레스 상황에 놓인 사람에게 나타날 수 있는 여러 증상을 소개했는데, 이것이 바로 우리의 몸과 마음이 스트레스에 내놓는 반응이다.

가장 먼저 드러나는 반응은 불안과 우울감이지만, 동양 사회에서 이런 감정들은 크게 중요시되지 않는다. 이렇게 무시된 반응들이 불편을 느낄 정도의 신체 증상으로 나타나면 사람들은 그제야 큰 병에 걸린 건 아닌지 걱정하기 시작한다. 깜짝 놀라서 의사를 찾아다니며 도움을 구해보지만, 의사들은 증상 뒤에 숨은 원인을 끝내 발견하지 못한다. 질병이라고 명확하게 진단할 만한 증거를 찾지 못한 의사는 약물을 포함해 어떤 도움도 제공하지 못한다.

이 책은 과학적이고 효과적으로 스트레스를 줄이는 심신훈련법과 실제 상황에 적용할 수 있는 다양한 대응법을 제공해, 우리로 하여금 생활 속 스트레스를 능숙하게 처리하도록 돕는다. 이런 기술과 방법들이 스트레스와 싸워 이기는 데 효과적이라는 사실은 이미 과학적으로 증명되었다. 자신과 가족, 친구의 건강 수준을 높이고자 하는 사람들에게 이 책을 적극 추천한다. 현대인에게 무엇보다 실용적이며 모든 사람이 직면한 문제를 해결하는 데 큰 도움이 되리라 믿는다!

앨버트 융Albert Yeung,

하버드 의대 부교수 / 매사추세츠 종합병원 우울증 관리 프로그램 연구팀 주임 왕팡 박사는 하버드 의대에서 가장 오랜 역사와 최대 규모를 자랑하는 매사추세츠 종합병원의 BHI에서 박사후과정 연구원으로 나와 함께 2년간 일했다. 그녀는 언제나 신뢰할 수 있는 좋은 동료로서 모든 일에 최선을 다해 우리의 연구 수준을 향상하는 데 크게 공헌했다. 지금도 나와 동료들은 왕 박사를 몹시 그리워하고 있다. 그녀는 SMART 프로그램 역사상 최초의 중국인 전문 지도사로, 우리는 이 명예로운 뉴스를 BHI 홈페이지에 영어와 중국어로 게시했다. 귀국 후 왕팡 박사는 중국에서 SMART 프로그램을 전파하기 위해 노력을 아끼지 않았고, 이에 BHI 집행위원회는 그녀를 '중국 하버드 SMART 프로그램 홍보대사 및 수석 지도사'로 임명해 다양한 활동을 지원하고 있다.

스트레스 과학과 관리에 관심 있는 독자들이라면 전문 지식과 더불어 실용적인 기술과 방법을 제공하는 이 책에 마음을 빼앗길 것이다. 특히 동양 문화와 전통의학의 스트레스 감소법을 접목했으니 동양 독자들이 더 쉽게 실천할 수 있을 거라고 믿는다. 이 책은 스트레스 관리에 관한 이론과 실천법을 모두 담은 실용적인 지도서다. 강력하게 추천한다!

존 데닝어John Denninger,

하버드 의대 부교수 / 하버드 SMART 프로그램 수석 전문 지도사 우리는 언제나 "스트레스 없는 세상에서 살고 싶어!"라고 외친다. 그렇지만 그건 더 위험해지는 지름길이다. 스트레스가 없는 것은 면역력이 없는 것과 같기 때문이다. 스트레스는 세상에 적응하고 살아가기 위한 생존 시스템일 뿐 없애야 할 바이러스가 아니다. 그런 점에서 스트레스는 '박멸'의 대상이 아니라 '관리'의 대상인 것이다. 하버드대학교의 내과의사 허버트 벤슨 교수는 일찍이 스트레스를 몸과 마음의 커넥션과 항상성의 관점에서 이해하며 심신훈련과 이완요법을 체계화했다. 그에 의해 몸과 마음은 따로 떨어져 있는 게 아니라 서로 밀접하게 상호작용한다는 사실이 알려졌다.

이 책은 그의 첫 번째 중국인 제자 왕팡 박사가 동양인에 맞게 조정한 SMART-C 프로그램을 소개한다. 앞부분은 스트레스의 개념과 이론을 쉽고 직관적으로 설명하고 있어 이 부분만 잘 읽어도 많은 도움을 받을 수 있다. SMART프로그램은 벤슨 교수의 특기인 이완훈련뿐 아니라, 현대 의학과 심리학에서 발전한 인지치료, 마음챙김, 식이요법, 운동, 관계개선 등을 잘 버무려서 적용하고 설명한다. 이 책에서 뇌과학이나 의학 연구결과를 친절하게 설명해준다. 여기에 풍부한 사례들은 '아, 이거 내 얘기인데' 싶을 만한 현실성을 더해준다.

스트레스는 마음을 압박하고 몸 건강을 해치기만 하는 요인이 아니며 몸을 잘 이완하고, 생각을 바꾸고, 감정을 다스리는 것만으로도 관리할 수 있다. 저자는 스트레스를 잘 관리하면 다가오는 수많은 일에 잘 대응하며 건강을 유지할 수 있게 도와주는 신호로 이용할 수 있다고 희망을 준다. 큰 병에 걸린 후에야 치료하려고 하면 이미 늦다. 스트레스와 무작정 맞서거나, 누르려고 하다가는 큰 병에 걸린다. 따라서 몸과 마음이 보내는 나쁜 신호에 귀를 기울여 미리 예방해야 하고, 그건 이 프로그램을 통해 가능하다. 저자는 스트레스 관리를 빙산을 도끼로 내려쳐 부수는 게 아니라 수온을 올려서 서서히 녹여야 하는 것이라 비유한다. 조금 느릴지 모르지만 라이프스타일을 바꾸는 것으로 스트레스는 충분히 잘 관리할 수 있고, 이 책은 그 방법을 구체적이고 실용적으로 알려 줄 것이다.

하지현 건국대학교병원 정신건강의학과 교수 / 《정신의학의 탄생》 저자

코로나 블루와 싸우는
한국독자를 위하여

2020년 1월 중국에서 《하버드 스트레스 수업》이 출간되고 약 한 달 뒤, 코로나19가 전 세계를 휩쓸기 시작했다. 전 세계는 코로나19라는 강력한 도전에 맞서 싸워야 했지만 부단한 노력을 통해 바이러스에 대한 예방과 통제에 어느 정도 성과를 냈다. 물론 우리는 여전히 집 안에 고립된 채 자신과 가족, 지역사회, 국가 전체의 건강을 염려하며, 꼭 필요한 경우가 아니면 외출하지 않는다.

코로나19가 몰고 온 엄청난 변화로 우리의 일상은 유례없는 변화를 맞았고, 그 영향으로부터 자유로운 사람은 없다. 그중에서도 가장 눈에 띄는 변화는 사람과 사람 사이가 멀어지고 연결이 끊어졌다는 것이다. 이제 출근, 등교, 모임, 여행처럼 당연하게 여겼던 일들이 당연하지 않게 되었다. 일상은 무너졌고 많은 산업이 경기 침체로 큰 타격을 입었으며 후속 영향이 계속되고 있다.

수많은 사람들이 엄청난 압박과 자극을 받고 있는 상황에서, 처음에는 고려되지 않았던 정신건강의 중요성 또한 강조되고 있다. 이제 자신의 건강을 위해서든 인류 전체의 미래를 위해서든 반드시 전문적인 스트레스 관리(stress management)를 배워야 할 때다. 스트레스 관리는 팬데믹 시대에 모든 사람이 배우고 익혀야 하는 필수 과목이 되었다.

전문적인 스트레스 관리에서 스트레스란 내부 및 외부 환경의 변화에 대한 사람들의 반응을 말한다. 우리가 스트레스를 받으면 몸에서 반응이 발생하는데, 이를 의학적으로는 '투쟁-도피 반응(fight-or-flight response)'이라고 한다. 스트레스 반응의 발현과 정도는 사람마다 다르다. 이번 팬데믹 상황에서도 사람들은 감염병 유행 단계에 따라 각기 다른 스트레스 반응을 보였다. 2020년 초 대부분의 사람이 느낀 공포, 두려움, 불면증이 여름에 어느 정도 완화됐지만, 경제 상황이 나빠지면서 걱정, 우울, 불안감이 엄습했고, 다시 겨울에 접어들어 감염병 유행 추세가 반등하면서 많은 사람이 붕괴 직전까지 내몰리고 있다.

코로나19로 말미암은 여러 가지 불확실성을 마주하고 있는 지금, 전문 분야를 '스트레스 관리'로 결정하고 하버드 의대 매사추세츠 종합병원(MGH)에서 유학하며 쌓은 전문 지식과 임상 경험에 대해 무척 영광스럽게 생각한다. 이 책에서 소개하는 SMART-C 프로그램은 MGH에 있는 '벤슨-헨리 심신의학 연구소(BHI)의 스트레스 관리 및 회복력 훈련(Stress Management and Resiliency Training, SMART)' 프로그램을 동양인들에게 최적화한 것이다. 필자가 중국으로 돌아온 후, 몇 년 동안 거의 모든 계층의 고(高)스트레스군을 대상으로 시행했으며 100만 명 이상이 참여했다. 특히 2020년 2월부터는 방역 일선에서 힘쓰는 의료 종사자, 지역 공무원, 택배 종사자, 경찰 및 스트레스 문제가 두드러지는 인터넷 서비스 종사자, 교사, 학생 등에게 적시에 효과적으로 스트레스를 완화하는 간단하고 실용적인 솔루션을 제공해 호평받았다.

몸과 마음을 조화로운 상태로 조정해 스트레스에 대처하는 심신조절 기술은 대부분 동양에서 유래했다. 중국의 태극권과 기공, 인도의 요가, 그리고 명상 등이 여기에 속한다. 수천 년의 역사를 지닌 이런 방법들은 인류가 건강을 유지하고 번영하는 데 귀중한 자산이었다.

SMART 프로그램의 기반인 심신의학(Mind Body Medicine)은 새로운 의학 전문 분야로 역사가 길지 않지만 앞서 언급한 동서양의 의학과 과학, 문화의 본질이 잘 결합되어 있다. 특히 심리와 신체를 서로 연결된 하나의 결합체로 간주하고 동시에 외부 세계와의 상호 작용 및 영향에 더 많은 관심을 기울이고 있다. SMART 프로그램의 스트레스와 감정, 그와 관련된 질환에 대한 긍정적 역할은 후성유전학 및 뇌과학 연구 등을 통해 과학적으로 이미 입증되었다.

수천 년 동안 이어진 동서양의 지혜를 결합한 SMART 프로그램은 가장 신뢰할 수 있고 과학적인 스트레스 관리 시스템으로 자리 잡았다. SMART 프로그램을 소개한 이 책이 한국 독자들에게 코로나19 스트레스에 대처할 수 있는 과학적 무기를 제공해 우리 모두 무사히 이 재난을 헤쳐나갈 수 있기를 간절히 바란다.

2021년 2월
의학박사 왕팡

∘ 스트레스 자가 테스트 ∘

최근 한 달간 느끼고 생각한 것에 대한 질문이다. 아래 표의 10개 문항을 읽고 해당하는 내용을 얼마나 자주 느꼈는지 응답한 후, 결과를 합산해 총점 칸에 쓴다. 0점부터 4점까지 차례로 각각 '전혀 없었다, 거의 없었다, 때때로 있었다, 자주 있었다, 매우 자주 있었다'이다. 총점이 높을수록 스트레스가 높다고 할 수 있다.

문항	전혀 없었다	거의 없었다	때때로 있었다	자주 있었다	매우 자주 있었다
1. 예상치 못한 일 때문에 당황한 적이 얼마나 있었습니까?	0	1	2	3	4
2. 인생에서 중요한 일들을 조절할 수 없다는 느낌을 얼마나 경험했습니까?	0	1	2	3	4
3. 신경이 예민해지고 스트레스를 받고 있다는 느낌을 얼마나 경험했습니까?	0	1	2	3	4
4. 개인적 문제들을 다루면서 얼마나 자주 자신감을 느꼈습니까?	4	3	2	1	0
5. 일상의 일들이 생각대로 진행되고 있다는 느낌을 얼마나 경험했습니까?	4	3	2	1	0
6. 꼭 해야 하는 일을 처리할 수 없다고 생각한 적이 얼마나 있었습니까?	0	1	2	3	4
7. 일상생활의 짜증을 얼마나 자주 잘 다스릴 수 있었습니까?	4	3	2	1	0
8. 최상의 컨디션이라고 얼마나 자주 느꼈습니까?	4	3	2	1	0
9. 통제할 수 없는 일 때문에 화가 난 경험이 얼마나 있었습니까?	0	1	2	3	4
10. 어려운 일이 너무 많이 쌓여서 극복하지 못할 것 같은 느낌을 얼마나 자주 경험했습니까?	0	1	2	3	4
총점					

• 해설: 4번, 5번, 7번, 8번은 역채점 문항이다.

하버드 의대는 왜
'스트레스 관리 프로그램'을 개발했을까

    과학과 의학이 꾸준히 발전하면서 사람들은 코르티솔 같은 스트레스 호르몬이 전 세계인의 건강을 위협하는 요소이자 각종 '대사증후군(metabolic syndrome)'의 원인임을 알게 되었다. 비만, 고혈압, 가족성 고콜레스테롤혈증, 인슐린 수용체(insulin receptor) 기능 저하 등이 대사증후군에 속하는데, 이는 모두 스트레스와 밀접한 관계가 있고 관상동맥경화증과 기타 죽상동맥경화성 질병, 2형당뇨로 발전할 가능성이 높다.

    대사증후군은 또 심장질환, 만성 폐질환, 당뇨, 관절염, 암, 심리장애 등 주요 비전염성 질환의 전조로, 소득 수준과 관련 없이 모든 계층에서 발견되는데, 강한 스트레스 반응이 주원인이다. 우리가 스트레스 관련 지식을 더 많이 배우고 관리법을 익혀야 하는 이유다.

    약물과 수술 분야의 의과학(醫科學)이 크게 발전한 덕분에 이전에는 불치병이었으나 지금은 치료할 수 있는 질병이 많아졌다. 다만 이런 발전이 몸의 각 부위에만 집중된 까닭에 서로 어떻게 영향을 주고받고 협조하는지에 대한 관심은 그리 높지 않았다. 특히 정신과 육체의 상호 영향(긍정적이든 부정적이든)에 대해서는 여전히 알려진 바가 적다. 최근 과학자들은 우리의 몸과 마음을 하나의 복잡한 '총체(總體)'로 보면서, 이것이 외부 세계와 어떻게 상호 작용하고 영향을 주고받는지 주목하게 되었는데, 이것이 바로 '심신의학(mind body medicine)'이다.

과거의 심신의학(psychosomatic medicine, 정신신체의학)이 몸과 마음의 질병과 장애에 더 주목한 것과 달리, 현재의 심신의학은 심신요법(mind-body therapies)에 더 집중한다. 일반적으로 심신요법은 가장 효과적이고 안전한 스트레스 관리법 중 하나로 알려져 있다. 어떤 방식이든 스트레스 관리법이라면 몸과 마음의 상호 작용 및 영향과 관련되지 않은 것이 없다. 예컨대 가벼운 달리기가 기분을 좋게 하는 효과가 있음은 흔히 알려진 사실이다. 이 방법은 육체를 움직임으로써 심리적 상태를 개선한다. 어쩌면 달리기 외에 다른 방법, 더 좋은 방법도 있지 않을까? 이것이 바로 전 세계 많은 사람이 주목하는 '심신의학'이다.

스트레스 감소가 건강관리의 중요한 한 축으로 인식되면서 심신의학이 새로운 건강관리법으로 부상했다. 하버드 의대 매사추세츠 종합병원(MGH)의 허버트 벤슨(Herbert Benson) 교수는 현대인의 건강관리를 다리가 세 개인 의자에 비유했다. 수술, 약물, 그리고 자기보건(self-Care)이 바로 현대인의 건강관리를 받치는 세 개의 다리다. 심신의학은 이 마지막 다리인 '자기관리' 영역에 중요하게 작용하며, 건강을 촉진하고 유지하면서 삶의 질을 개선하는 데 사용된다. 심신의학의 핵심은 모든 사람이 자신의 건강 인식 및 자기보건 능력을 중시하고 향상하는 데 있다.

최근 여러 연구에서 스트레스 및 스트레스성 질환에 대한 심신요법의 효과가 입증되었다. 대부분 배우고 실천하기 쉬운 방법들이라 규칙적이고 합리적으로 수행한다면 스트레스 완화, 건강 촉진 및 스트레스성 질환 예방에 큰 도움이 될 것이다.

현재 심신요법이 스트레스 관리법의 중요한 한 축임은 부인할 수 없는 사실이다. 그중 가장 대표적인 것으로 허버트 벤슨 교수가 MGH에 설립한 벤슨-헨리 심신의학 연구소(BHI)의 '스트레스 관리 및 심신 회복력 훈련(stress management and resiliency training, SMART) 프로그램', MGH 부속 스트레스 클리닉의 존 카밧진(Jon Kabat-Zinn) 박사가 만든 '마음챙김에 기반한 스트레스 완화(mindfulness-based stress reduction, MBSR)', 그리고 옥스퍼드대학 마크 윌리엄스(Mark Williams) 교수 연구팀이 공동 개발한 '마음챙김 기반 인지치료(mindfulness-based cognitive therapy, MBCT)' 등을 들 수 있다.

이중 'SMART 프로그램'은 스트레스로 인한 감정 변화를 집중적으로 관리하는 방법으로, 향후 스트레스 대응력을 높이고 기분을 개선해서 심신 회복력을 키우는 데 그 목적이 있다. 심리학과 생리의학적인 방향에서 스트레스, 특히 만성 스트레스로 발생할 수 있는 심리 및 생리 변화를 조절하고 처리하는 훈련을 제안한다. SMART 프로그램이 스트레스 및 스트레스성 감정장애와 관련 질환에 미치는 긍정적인 영향은 이미 많은 사례로 증명되었다.

후성유전학 및 뇌과학까지 접목한 SMART 프로그램에는 대상과 질환에 따른 다양한 하위 프로그램이 있다. 학생 대상의 '학생 회복력 프로그램(resiliency student)', 노인을 위한 '건강한 노령화 프로그램(healthy aging)', 여성 대상의 '여성 회복력 프로그램(resiliency women)' 외에 암, 고혈압, 과민성 장증후군, 우울증 등에 적합한 여러 가지 프로그램이 마련되어 있다. 이런 프로그램들은 이미 구글과 페이스북 등 대기업의 직원들, 하버드와 MIT 등 명문대 학생들, MGH와 매클레인 병원(McLean Hospital) 등 대형 병원의 의료간호인, 보스턴 레드삭스(Boston Red Sox) 등 프로 선수들의 스트레스 관리에 수차례 사용되었다.

BHI에서 박사후과정 연구원으로 SMART 프로그램 훈련 전문가 과정을 거친 나는 이 프로그램 40여 년 역사상 전문 지도사 자격을 취득한 최초의 중국인이다. 당시 나는 현지의 차이나타운에서 중국계 미국인들을 대상으로 SMART 프로그램 치료와 연구를 병행하면서, 이것이 중국계 우울증 환자들의 심리와 감정 개선에 효과가 있음을 확인했다. 동시에 몇 가지 문제점을 발견했는데, 주로 동서양 문화 차이로 인한 것들이었다. 나는 이 문제를 해결하기 위해 전통 중의학의 심리학과 수면의학 관련 전문 지식, 그리고 심리 및 수면 관련 질환을 치료한 10년의 임상 경험을 바탕으로 SMART 프로그램의 동양화 작업을 시작했다. 그 결과물이 바로 동양인에게 최적화한 회복력 강화 프로그램(RL-C)이다. 여기에 포함된 스트레스 관리 프로그램(SMART-C), 감정 관리 프로그램(EM-C), 건강 수면 프로그램(HS-C 혹은 SM-C), 학생 회복력 강화 프로그램(RS-C)은 모두 임상에서 효과를 입증하고 좋은 평가를 받았다.

이 책은 동양인에게 최적화한 SMART-C 프로그램을 기초로 전문적인 스트레스 관리법을 소개한다. 전체 내용은 '스트레스 상황에 우리 몸에서는 어떤 일들이 일어나는가?', '스트레스를 어떻게 처리할 것인가?'라는 두 가지 질문의 답이 되어줄 것이다. 체계적이고 과학적이며, 효과적이고 실용적인 셀프 스트레스 관리법을 안내함으로써 독자들이 스스로 몸과 마음의 건강 수준을 향상하고 삶의 질을 개선하도록 하는 데 이 책의 목적이 있다.

스트레스 관리는 현대를 살아가는 모든 사람의 일상에서 이루어져야 한다. 이 책에서 소개하는 스트레스 관리법은 주로 다음과 같은 사람들을 대상으로 한다.

1. 의료 종사자, 심리 및 심신요법 관련 종사자, 스트레스 관리에 관심이 있고 관련 지식을 배우고자 하는 사람.

2. 일과 생활, 학습 중에 스트레스가 큰 사람, 스트레스에 효과적이고 체계적으로 반응하지 못하는 사람, 부정적인 감정을 조절하기 어려운 사람.

3. 심리 및 수면 관련 질환(우울, 불안, 불면, 강박, 공포, 기면 등)이 있는 사람.

4. 심리적 요소와 관련이 큰 질환(고혈압, 2형당뇨, 종양, 과민성 장증후군 등)이 있는 사람.

5. 아(亞)건강, 즉 심리 및 생리적 기능과 상태가 비정상이나 아직 질병 수준은 아닌 사람. 주로 아래 여섯 가지 증상이 한동안 출현할 수 있다.

   ① 신체 건강 이상: 두통, 불면, 위통, 체증, 어지러움, 피로, 탈모 등.

   ② 행동 변화: 흡연, 알코올중독, 폭음, 폭식, 식욕 감퇴 등.

③ 부정적 감정: 감정 기복, 짜증, 불안, 분노, 우울 등.

④ 인지 변화: 결단력 부족, 사고력 저하, 기억력 및 주의력 감퇴 등.

⑤ 관계 변화: 사교활동 부족, 은둔, 고립, 인간관계 악화 등.

⑥ 심리 변화: 무의미함, 공허함, 삶의 방향 상실 등.

6. 급·만성 스트레스 사건을 겪은 사람(전문가의 도움이 필요한 위기 중재와는 다르다). 주로 아래 상황을 들 수 있다.

① 학습: 시험, 과제, 입시, 전학, 졸업 등.

② 업무: 과중한 업무, 중요한 업무(결정, 회의, 보고, 협상 등), 업무 조정 등.

③ 생활: 연애, 결혼, 자녀와의 관계, 교우관계 등.

SMART 프로그램은 학습 후에 자신에게 맞게 조정할 수 있으며, 그 효과는 연습 시간 등 여러 가지 요소의 영향을 받는다. 심리 및 생리 질환이 있는 사람은 반드시 전문기관을 찾아 치료하면서 SMART 프로그램을 보조 수단으로 사용할 수 있다.

"제가 얼마 전에 실직했거든요. 재취업만 되면 스트레스가 완전히 사라질 텐데요!"

첫 만남에서 다짜고짜 이렇게 말하는 환자들이 종종 있다. 하지만 내가 그의 재취업을 도와주기란 당연히 불가능하다. 실직이라는 '스트레스원'은 객관적으로 존재하는 상황이지, 내가 그를 위해 처리할 수 있는 문제가 아니다. 나의 일은 환자가 스트레스에 대응하는 과학적인 방법을 익혀서 스트레스 대응력, 즉 회복력을 키우도록 도와주는 것이다. 직접 스트레스원을 제거하거나 변경할 수는 없다.

스트레스 반응은 몸과 마음의 반응이므로 우리는 심리적 회복력과 생리적 회복력을 모두 강화해야 한다. 또 뇌는 스트레스 사건에 반응을 내놓는 핵심 기관이므로, 스트레스를 제대로 관리하려면 반드시 뇌 훈련이 포함되어야 한다. SMART 프로그램에는 다양한 뇌 훈련법이 포함되어 있는데, 대표적인 것이 '이완훈련(relaxation training)'이다.

나는 스트레스 관리를 '빙산 제거'에 비유하곤 한다. 빙산을 없애려면 두 가지 방법, 즉 도끼로 빙산을 내리치거나 수온을 올리는 방법이 있다. 전자는 빠르게 빙산을 제거할 수 있으나 곧 다시 얼 가능성이 높다. 반면 후자는 속도는 느리겠지만 다시 빙산이 생길 가능성이 낮다. 스트레스가 빙산이라면 심신 회복력 강화는 수온을 올려 빙산을 없애는 방법과 같다.

나는 불안, 우울, 불면 등의 이유로 찾아온 환자들에게 체계적인 심신 조절법을 안내한다. 그들은 얼마 지나지 않아 삶의 아름다움을 발견하고 주목하기 시작한다. 그리고 모든 면에서 시나브로 변화가 일어난다. 그토록 괴로웠던 일들이 언제 그랬냐는 듯 언급할 가치도 없는 작은 문제로 변한다.

한 환자는 스트레스 관리법을 배우고 나니 걱정이 하나도 없던 어린 시절로 돌아간 느낌이 들었다고 했다. 이는 그가 살면서 맞닥뜨리게 되는 문제들이 줄어들었기 때문이 아니라, 그 문제들을 대하는 그의 태도가 달라졌기 때문이다. 또한 그가 문제를 처리하는 실질적인 방법을 알고 구사하게 되었기 때문이다. 스트레스 관리법을 배운 환자들은 이제 스스로 거대한 변화를 만들 뿐 아니라 자신의 긍정적인 에너지를 나를 포함한 주변 사람들에게 전달한다.

나는 새로 찾아온 환자에게 항상 이렇게 말한다. "저는 거울입니다.

이제 저를 통해서 천천히 당신 자신의 모습을 이해하게 될 거예요. 제가 그 여정의 동반자가 되어 더 나은 당신을 향해 나아갈 수 있도록 도와드리겠습니다. 행운을 빕니다!"

PART 2

스트레스 관리를 위한 SMART 프로그램

6장 아주 작은 습관의 힘 – 생활 개선

HARVARD STUDY FOR RELIEVING STRESS

HARVARD
STUDY FOR RELIEVING STRESS

스트레스를

간과해서는 안 되는

이유

지금의 세상은 냉소로 가득 차 있습니다.
그것들을 무시해야 합니다. 아니면 그것들이 마음과 생각의 암이 되어
우리 인생을 부정적인 것으로 생각하게 만들어버릴 겁니다.

- 팀 쿡(애플 CEO) -

1장

스트레스가 삶에 끼치는 영향

'팽팽하게 조인다'는 의미의 라틴어 '스트링게레(stringere)'에서 유래한 '스트레스(stress)'는 1936년 오스트리아 출신의 캐나다 내분비학자 한스 셀리에(Hans Selye)가 '스트레스 학설'을 제창하면서 그 개념이 널리 알려졌다. 후에 몇몇 과학자들은 스트레스를 '어떤 요구에 대한 신체의 불확정성 반응'으로 정의했다. 여기서 말하는 '요구'는 실직이나 가족의 사망 같은 부정적 사건, 혹은 취업이나 결혼 같은 긍정적 사건일 수도 있다. 요컨대 일상에서 흔히 일어나지 않는 큰일, 또는 자주 일어나는 사소한 일이 모두 '스트레스원(~源, stressor)', 즉 스트레스 유발인이 된다.

　또 어떤 과학자들은 스트레스를 '생물이 환경 변화에 내놓는 즉각적인 반응', '생존에 꼭 필요한 감각-분석-결정-반응 시스템', '대응할 수 없는 작은 일들에 대한 반응들'이라고 정의했다. 이외에도 '부정적 사건이나 극단적 환경 조건이 만드는 심리적 긴장 상태', '생리적·화학적·정서적 요소에 부적응해 생기는 긴장 상태, 질병을 유발할 수 있음', '심리 및 생리 건강에 대한 실재하거나 숨은 위협' 등 다양한 정의가 존재한다.

하버드 의대 심신의학(mind body medicine) 교수 허버트 벤슨(Herbert Benson)은 스트레스를 '생리 혹은 정신 건강이 위협받는다는 감각, 그리고 이런 위협에 대응할 수 없다고 여기는 믿음'으로 정의했다.

스트레스의 개념은 광의와 협의 두 가지로 나누어볼 수 있다. 스트레스 관련 질문을 받았을 때 사람들이 가장 먼저 떠올리는 직장 스트레스, 학업 스트레스, 생활 스트레스 등은 협의의 개념에 속한다. 광의의 개념에서 스트레스는 생활환경에 발생한 어떤 변화가 인체(정신+육체)에 미치는 영향을 가리킨다. 스트레스를 느끼는 것은 인류의 본능이다. 그러나 뇌의 서로 다른 영역을 통해 느껴지기 때문에, 어떤 것들은 즉각적으로 식별되지만, 어떤 것들은 우리가 알고 있는 일반적인 형태로 드러나지 않아 자칫 오해 또는 무시된다. 스트레스는 우리 생활과 매우 밀접하다. 모든 사람이 매일 아침 눈을 떠서 밤에 잠자리에 들기까지 내내 스트레스와 같이한다고 해도 과언이 아니다.

스트레스는 또 단시간 극심하게 받는 '급성(acute) 스트레스'와 일상에서 비교적 장기간 지속되는 '만성(chronic) 스트레스'로 나눌 수 있다. 급성 스트레스가 반복적으로 발생하거나 그때그때 제대로 관리되지 못하면 만성 스트레스가 된다. 적당한 스트레스는 영향이 별로 크지 않지만, 개인의 대응 능력 범위를 넘어서는 스트레스는 우리의 마음과 몸을 모두 손상하고, 심할 경우 질병까지 유발할 수 있다.

뇌를 퇴화시키는
스트레스

외부에서 스트레스 자극을 받았을 때, 머릿속이 완전히 새하얘지는 것 같다거나, 머릿속 회로가 엉망으로 꼬여서 순간적으로 멍해지기도 하는데, 이는 모두 뇌가 '퇴화'한 결과다.

우리는 어렸을 때부터 무수히 많은 시험을 경험했다. 시험이 연이어 며칠 동안 계속되기도 하고, 한 번에 100개가 넘는 문제를 풀어야 할 때도 있었을 것이다. 이상하게도 시험은 아무리 충분히 준비해도 늘 긴장되고 주눅이 든다. 시험이 주는 스트레스는 뇌를 맑게 유지하는 능력을 약화시키거나 아예 상실케 한다. 시험지만 받아들면 숨이 막히고 몸이 얼어붙거나, 머릿속이 온통 하얘지고, 생각이 혼탁해지는 등의 경험을 한 사람이 적지 않을 것이다.

과거 수십 년 동안 과학자들은 시험을 보거나 전쟁터에 나선 사람의 머릿속에서 무슨 일이 일어나는지 정확하게 알고 있다고 여겨왔다. 하지만 최근의 스트레스 연구들은 이전과 전혀 다른 새로운 관점들을 내놓고 있다. 스트레스가 뇌의 특정 영역에서 1차반응(양서류에서 인류까지 대부분의 생물에 보편적으로 발생)을 일으킬 뿐 아니라, 고차적 인지 기능이 발현되는 영역(대부분 영장류의 뇌에만 존재)까지 마비시킬 수 있다는 것이다.

스트레스 상황일 때, 뇌에서 1차반응이 일어나는 영역은 주로 시상하부다. 과거 교과서들은 시상하부를 '끊임없이 진화해온 오래된 구조로, 뇌의 깊은 곳에 있으며 호르몬 분비를 촉진해 스트레스에 반응한다'라고 설명했다. 여기서 호르몬은 뇌하수체(hypophysis)와 부신(adrenal gland)에서 분비되는 것으로 심박동수 증가, 혈압 상승, 식욕 감퇴를 유발할 수 있다.

영장류의 뇌에만 존재하는, 고차적 인지 기능이 발현되는 영역이란 전전두엽 피질(prefrontal cortex, PFC), 즉 전두엽(frontal lobe)의 앞부분을 덮고 있는 대뇌피질(cerebral cortex)을 가리킨다. 최근의 연구에서 전전두엽 피질은 놀랍게도 우리 뇌에서 일종의 '컨트롤 센터'로서 집중력, 계획 및 결정, 통찰력, 판단력, 기억 회복 등의 인지 기능을 관리하고 있었다. 이는 가장 최근에 일어난 진화의 결과로, 특히 우리가 매일 겪는 걱정과 불안 등의 감정에 예민한 것으로 밝혀졌다.

큰 문제 없이 일이 순조롭게 진행될 때, 컨트롤 센터로서 전전두엽 피질은 우리의 감정과 충동이 정상 범위 안에 있도록 제어한다. 하지만 극심한 급성 스트레스를 받으면 그로 말미암은 일련의 화학반응으로 전전두엽 피질의 영향이 약화되고, 뇌의 원시적 영역이 활성화된다. 사고와 감정을 다스리는 전전두엽 피질의 수준 높은 제어 기능이 사라지고, 시상하부를 비롯한 뇌의 초기 진화 구조에서 일어나는 원시적 본능 제어가 강화되는 것이다.

실제로 극심한 스트레스를 받은 사람은 긴장과 초조, 불안에 시달리며 어찌할 바를 몰라 하다가 결국 원시적인 충동을 따르곤 한다. 스트레스성 폭음이나 폭식, 약물 남용, 무분별한 과소비 등이 여기에 속한다. 이렇게 스트레스는 인간이 보유한 고차적 인지 기능, 즉 '인지 능력(cognitive ability)'을 상실케 한다. 인지 능력은 뇌가 자극을 받아들이고 정보를 저장·선택하는 능력으로, 사람이 어떤 행동을 성공적으로 완수하는 데 가장 중요한 조건이다. 지각, 기억, 주의력, 사고, 상상력 등이 모두 인지 능력이라 할 수 있다.

외부에서 스트레스 자극을 받은 뇌는 컨트롤 센터가 고차적 인지 기능을 발현하는 영역에서 원시적 기능을 관리하는 영역으로 전환되면서 '퇴화'하는 양상을 보인다. 왜 이런 일이 일어날까? 왜 우리 뇌는 스트레스를 받으면 고차적 인지 기능을 제대로 발현하지 못할까? 사고와 감정을 다스리는 전전두엽 피질에서는 대체 어떤 일들이 일어나는 걸까? …… 이런 수수께끼들이 한동안 풀리지 않은 채 과학자들을 곤혹스럽게 만들었다.

제2차 세계대전에 이르러 해결의 실마리가 조금씩 보이기 시작했다. 당시 과학자들은 평소 훈련에서 아무런 문제가 없던 전투기 조종사들이 왜 전투에만 투입되면 어처구니없을 정도로 기초적인 실수를 저지르는지 연구했다. 이후 신경 촬영술의 발전으로 뇌 스캐닝이 가능해지면서 마침내 전전두엽 피질이 보이는 이 '이상반응'의 수수께끼가 풀렸다.

뇌에서 진화 등급이 가장 높은 전전두엽 피질은 매우 중요한 위치를 차지하고 있다. 다른 영장류 동물과 비교해서 사람의 전전두엽 피질은 뇌 전체에서 차지하는 비율이 가장 높다(대뇌피질의 3분의 1에 해당한다). 성숙 속도는 가장 느려서 사춘기 이후에나 비로소 완전히 성숙한다. 전전두엽 영역의 신경회로는 생각을 종합해서 현재의 활동에 집중하게 하고, 각종 정보를 저장하는 데 사용된다. 이런 일시적 정보 저장 기능 덕분에 우리는 이전에 본 숫자의 총합을 기억하고 있다가 필요할 때 꺼내 쓸 수 있다. 또 감정을 제어해 부적절한 행동과 사고를 방지한다.

스트레스가 없을 때, 전전두엽 피질의 기능들은 아무 문제 없이 정상적으로 운영된다. 일요일 밤, 술집에서 술을 마시는 당신에게 전전두엽 피질의 기억회로는 '월요일부터 새로운 프로젝트가 시작되어 한 주 내내 무척 바쁠 것'이라고 알린다. 동시에 다른 회로들 역시 '다음 잔은 포기하고 맑은 정신을 유지하라'고 경고를 보낸다. 술집에서 나와 집으로 돌아가는데, 저 앞에서 사고가 났는지 커다란 자동차 잔해가 어지럽게 흩어져 있는 모습이 보인다. 그 순간, 전전두엽 피질은 즉각 편도체로 정보를 보내 적절한 판단과 행동으로 몸이 자동차 잔해에 부딪히지 않게 한다.

하지만 스트레스를 받으면 이런 일련의 과정이 정상적으로 이루어지지 않는다. 아주 미세한 화학 환경의 변화로도 신경회로의 연계가 약화될 수 있기 때문이다.

스트레스 상황에서 뇌는 뇌간(brain stem) 주변의 뉴런들을 통해 노르에피네프린이나 도파민 등의 화학물질을 대량 방출한다. 강해진 화학 신호는 전전두엽 피질에 있는 뉴런들이 정상적으로 활동하는 데 심각한 영향을 미치고, 뇌의 각 영역, 시냅스(synapse), 뉴런 사이의 연결까지 일시적으로 약화시킨다. 이렇게 신경회로의 활동이 제한되면 감정 및 행동 제어 능력도 현저히 떨어진다. 이와 동시에 시상하부의 제어를 받는 부신이 스트레스 호르몬인 코르티솔(cortisol)을 혈류로 대량 방출해 뇌로 보내면, 우리 뇌는 마치 불이 붙은 것 같은 상태가 된다. 그러니까 침착하라는 의미의 영어 '스테이 쿨(Stay cool)!'이 단순히 상징적인 표현이 아니라 실제로도 아주 정확한 묘사인 것이다.

스트레스 자극으로 전전두엽 피질이 손상되면, 뇌에서 원시적 기능을 관리하는 영역이 그 역할을 냉큼 넘겨받아 우리의 감정과 행동을 제어한다. 또 도파민이 뇌 깊은 곳에 있는 기저핵(basal nucleus)까지 도달한다. 욕망과 습관, 감정과 운동 반응을 제어하는 기저핵은 우리가 넘어지지 않고 자전거를 타거나 무언가에 중독되도록 할 수 있다.

네덜란드 호로닝언대학(University of Groningen)의 베노 루젠달(Benno Roozendaal)과 미국 캘리포니아대학 어바인캠퍼스의 제임스 맥고(James McGaugh)는 2001년 공동 연구를 통해, 스트레스 자극을 받으면 편도체에서도 유사한 변화가 일어나는 것을 발견했다. 연구 결과, 노르에피네프린과 코르티솔이 분비되면 뇌의 원시적 영역 중 하나인 편도체가 흥분하기 시작해, 고차적 신경 시스템이 제어하는 영역들에 신호를 보내서 불안과 공포 같은 감정과 연관된 기억을 강화했다.

그런데 만약 스트레스가 며칠, 심지어 몇 주 동안 계속된다면 우리 뇌는 어떻게 될까? 만성 스트레스로 인한 뇌 손상은 더 기초적인 감정 제어를 수행하고 민첩한 신체 활동과 이성적인 사고 기능의 운영에 관여하는 영역에까지 확대된다. 또 편도체의 수상돌기(dendrite, 신경 자극을 중계하는 가느다란 세포질 돌기)가 커지고 전전두엽 피질의 수상돌기는 작아진다.

뉴욕 마운트시나이 의대(Mount Sinai School of Medicine)의 존 모리슨(John Morrison) 교수 연구팀은, 스트레스가 사라지면 작아진 전전두엽 피질의 수상돌기가 다시 생장하지만, 너무 큰 스트레스라면 이런 회복력조차 소실된다는 연구 결과를 발표했다. 그러니까 강한 스트레스로 인한 뇌 손상은 '돌이킬 수 없다'는 이야기다. 이처럼 우리의 전전두엽 피질은 스트레스에 쉽게 무너진다. 전전두엽 피질이 역할을 다하지 않으면 원시적 충동이 활개를 치고, 결국에는 뇌가 완전히 새하얘지는 '인지 마비' 상태에 빠지고 만다.

물론 스트레스가 뇌에 일으키는 손상의 정도는 사람마다 다르다. 어떤 사람들은 스트레스에 유달리 취약한데, 이는 유전자의 문제거나 이전에 스트레스에 노출된 경험 때문일 수 있다.

유전자의 문제를 더 자세히 이야기해보자. 노르에피네프린과 도파민이 전전두엽 영역의 신경회로를 손상해 제대로 기능하지 못하게 만들었을 때, 정상적인 상황이라면 효소류가 신경전달물질을 충분히 용해한다. 그러니까 이런 종류의 손상은 충분히 회복 가능한 것이다. 그런데 어떤 유전자들은 이와 같은 효소류의 활성화를 방해한다. 이런 유전자를 가진 사람은 스트레스에 매우 취약하고 다른 정신질환에도 비교적 예민하다.

환경 요소 역시 스트레스에 대한 취약성을 키운다. 예컨대 납중독은 인지 손상을 일으켜 이후의 스트레스 자극에 제대로 대응하지 못하게 만든다. 이런 사람은 습관적으로 우울감이나 불안, 걱정에 휩싸이고, 외상후스트레스장애(PTSD) 증상을 보일 확률이 높다.

성별에 따라서도 달라진다. 여성 호르몬인 에스트로겐은 스트레스 민감성을 높인다. 여러 연구에 따르면, 여성은 남성보다 생활 스트레스 타격에 취약해서 우울감을 느끼거나 흡연 같은 중독적 행위에 빠질 확률이 높다. 그런가 하면 남성은 스트레스 제어에 기저핵이 담당하는 역할이 더 커서 무언가를 갈구하는 심리가 강화되고 중독적 행위를 보이기 쉽다.

연구자들은 스트레스를 받으면 뇌가 고차적 인지 기능을 발현하지 못하는 것은 그런 '원시적 반응이 인류의 생존에 도움이 되기 때문'이라고 말한다. 깊은 산속을 걷다가 호랑이를 만났다면 호랑이가 당신을 발견하지 못하도록 꼼짝 않고 숨죽여 가만히 있는 편이 대문호의 시 한 편을 읊는 것보다 훨씬 유효할 것이다. 고차적 인지 기능을 차단하고 발동한 원시적 뇌는 우리로 하여금 호랑이라는 위험에서 벗어나기 위해 본능적으로 몸을 숨기거나 즉각 도망가게 만든다. 현실 세계에서 위험에 맞닥뜨렸을 때 역시 이런 메커니즘이 유사하게 작동한다. 도로 위에 난폭한 운전자가 모는 차량이 갑자기 출현했을 때 즉각적으로 급브레이크를 밟는 것처럼 말이다. 이런 행위들은 모두 본능

스트레스는 뇌의 원시적 반응을 유발한다

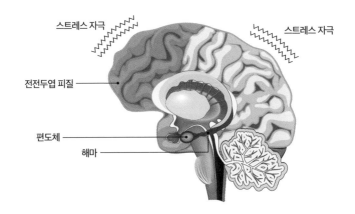

스트레스 자극

스트레스 자극

전전두엽 피질

편도체

해마

이 일으키는 것이다.

몸에 난 상처가 통증을 유발하는 것처럼 스트레스원은 불편감을 초래한다. 과학자들은 뇌 영상술 연구로 이런 반응에 전대상 피질 (anterior cingulate cortex, ACC)이 관여한다는 사실을 밝혀냈다. 스트레스로 이미 심리 상태가 나빠졌을 때 예상치 못한 스트레스까지 더해진다면, 질병에 걸릴 확률이 높아진다. 심리적 혹은 사회적 스트레스원이 불러온 고통에 대응할 때, 우리 몸의 세포들은 대량의 에너지를 소모해서 최대한 생리적 안정을 유지하려고 한다. 하지만 스트레스가 극심하거나 오래 누적되면 세포의 대사 손상으로 에너지 균형을 유지하기가 어려워진다.

뇌가 여러 원인으로 내부 균형을 유지하지 못하면, 변화를 통해 안정을 찾는 수밖에 없다. 급·만성 스트레스를 지각한 뇌는 정상적인 생리 기능 유지에 필요한 에너지를 제공하기 위해 대사 에너지 양을 증가시킨다. 뇌가 신체 곳곳에 위험 요소들을 알리면, 각 기관과 조직들은 그에 따라 대사를 조절하면서 안정을 유지하려고 한다. 만약 그 위험 요소가 급성이어서 곧 사라지거나 제어 가능한 정도라면 신체의 여러 기관과 조직이 협력해 유의미한 조절을 해내지만, 만성이거나 제어 불가능한 수준이라면 결국 질병으로 이어지고 만다.

스트레스가 뇌에 미치는 영향은 주로 다음 영역에 집중된다. 첫째, 변연계(limbic system)다. 변연계는 원시적 뇌 구조로 편도체, 해마 등의 구조물로 구성되었으며, 감정과 기억 정보 등을 처리하고 스트레스에 민감하게 반응한다. 둘째, 전대상 피질 등의 부변연계(paralimbic regions)와 전전두엽 피질 등의 피질이다. 편도체, 해마, 전전두엽 피질과 전대상 피질은 모두 스트레스 반응과 그 조절에 중요한 작용을 하는 영역으로 '스트레스 반응계'라 불린다. 구체적으로 전전두엽 피질은 판단, 의사 결정, 감정 조절, 기억 및 행동 제어를 담당하는 영역이다. 편도체는 공포, 불안, 걱정 같은 감정을, 해마는 공간 기억, 배경 기억, 스트레스 반응 제어 등을 담당한다. 특히 편도체는 위험이나 스트레스원 등을 감지하면 흥분성 신경전달물질인 글루탐산염을 생산하면서 행동을 준비하는데, 여기에는 대량의 에너지가 필요하다. 만약 이런 상황이 오랫동안 지속되거나 심해진다면, 즉 만성 스트레스에 시달린다면 관련 질병이 생길 확률이 높다.

강한 스트레스 자극은 스트레스 반응계의 구조와 기능에 변화를 일으킨다. 편도체는 스트레스에 대응하기 위해 흥분해서 호르몬을 분비하고, 해마와 전전두엽 피질은 편도체 제어를 시도한다. 편도체와 해마의 긴장 상태가 장기간 계속되면 원래의 구조와 기능에 손상이 생길 수 있다. 실제로 실험쥐에게 공포와 위협을 가했더니 뇌 속 편도체가 과열되었는데, 나중에 스트레스원이 사라진 후에도 과열 현상이 잦아들지 않았다는 연구 결과가 있었다. 물론 이것이 사람에게도 똑같이 적용된다는 의미는 아니었지만, 이후 사람을 대상으로 하는 실험에 유의미한 가설을 제공하기에는 충분했다.

이어진 연구에서 과학자들은 명상 경험이 있는 사람들과 전혀 없는 사람들의 뇌 자기공명영상(MRI) 결과를 비교했다. 그 결과, 명상 경험이 있는 사람들의 편도체가 그렇지 않은 사람들의 편도체보다 훨씬 작았다. 스트레스나 공포가 편도체에 미치는 영향은 몸에 생기는 외상과 상당히 유사하다. 팔에 상처가 생기면 금세 감염되어 부어오른다. 우리는 이 상처를 눈으로 볼 수 있으므로 반창고를 붙여서 물이 닿지 않게 하고, 심하게 곪지 않도록 항생제를 복용하기도 한다. 하지

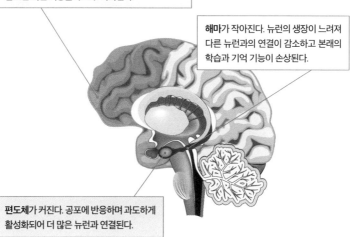

전전두엽 피질은 판단, 의사 결정, 감정 조절, 기억 및 행동 제어를 담당하는 영역이다. 하지만 스트레스를 받으면 이런 기능들이 모두 약화된다.

해마가 작아진다. 뉴런의 생장이 느려져 다른 뉴런과의 연결이 감소하고 본래의 학습과 기억 기능이 손상된다.

편도체가 커진다. 공포에 반응하며 과도하게 활성화되어 더 많은 뉴런과 연결된다.

만 스트레스로 생겨난 편도체의 손상은 우리 눈에 보이지 않으니 크게 신경 쓰지 않는다. 심지어 부적절한 행동으로 '상처'가 더 붓고 곪게 만들어서 심각한 결과를 초래하기도 한다.

다행히 뇌과학이 발전하면서 스트레스가 뇌에 미치는 영향이 밝혀졌다. 이에 따라 스트레스 관리가 뇌 활동 조절, 뇌 훈련과 회복에 집중되어야 한다는 의견이 인정받게 되었다. 몸에 난 상처를 치료하고 재활을 통해 원상태로 되돌리듯이, 뇌 구조와 기능에 변화가 발생하면 반드시 훈련을 통해 회복해야 한다.

'심신요법(mind-body therapies)'은 매우 중요한 뇌 훈련법이다. 하지만 과학적으로 수행하지 않으면 제대로 된 효과를 보기 어렵다. 설령 효과가 있다고 해도 단기적이거나 제한적일 수밖에 없다.

예를 들어보자. 불면증은 스트레스가 가장 흔하게 일으키는 장애 중 하나다. 불면증에 시달리는 사람은 자려고 누워도 이런저런 생각이 끊이지 않는다. 생각하지 않으려고 할수록 더 많이 생각하게 되고, 아무리 자려고 해도 잠들지 못한다. 대부분의 사람들은 이를 수면 문제라고 생각한다.

나는 이런 고민을 털어놓는 환자들에게 먼저 낮에 졸린지 물어본다. 졸린다고 대답한 사람에게는 다시 묻는다. "낮에 피곤한 건가요, 아니면 졸린 건가요?" 낮에 피곤함을 느낀다면 스트레스 문제고, 졸리면 수면량 부족 혹은 수면의 질 저하 같은 수면 문제다. 이 환자들이 호소하는 피곤함은 사실 몸이 아니라 뇌의 피로다. 그들은 자려고 침대 위에 누워서 몸을 쉬게 하지만, 뇌는 쉬기는커녕 오히려 더 빠르게 돈다. 그렇다면 어떻게 해야 뇌가 진짜 쉬게 만들 수 있을까? 자연수면이 가장 좋지만, 불가능하다면 심신요법인 '자율긴장이완법 (autogenic training)'이 가장 좋은 방법이 될 수 있다.

자율긴장이완법은 긍정적 사고와 자기암시 등의 훈련을 통해 몸의 긴장을 풀고 스스로 스트레스를 조절할 수 있는 능력을 길러 심리 및 감정장애를 치료하는 방법이다. 잠은 사람의 본능이어서 우리는 원래 인위적인 중재 없이도 자연수면에 들 수 있다. 하지만 그것이 불가능할 경우, 인위적인 중재 즉 정확한 지도를 받아 에너지를 필요한 곳에 사용하고 과학적으로 스트레스를 관리하는 방법을 익힐 필요가 있다. 자율긴장이완법은 수면 문제 해결뿐 아니라, 전반적인 건강 개선에 도움이 된다.

심장에
가장 위험한 요소

우리 몸에서 뇌와 심장은 긴밀하게 연결되어 있다. 옛날 사람들은 두 기관을 아예 하나로 보고 '심장'이라고 합쳐 불렀다. 중의학에서는 '심주신명(心主神明)', 즉 심장(心)이 '정신과 사유활동(神明)'을 주관한다고 보았다. 심장의 기능이 정상이면 정신이 건강하고 사고가 활발하나, 그렇지 못하면 정신과 사유활동에 이상이 생긴다는 것이다.

반복되는 만성 스트레스로 뇌가 탈진 상태가 되면 질병이 발생할 확률이 크게 높아진다. 이때 심장은 유독 취약한 기관이다. 스트레스와 그로 인한 감정장애가 심장에 관련 질환을 일으킨다는 사실은 이미 증명되었다. 예를 들어, 불안과 우울은 심근 손상으로 인한 심근경색, 부정맥 후에 이어지는 심장마비 같은 심장질환에 걸릴 위험을 키운다. 또 만성 스트레스 때문에 교감신경계가 지나치게 활성화되고 심장이 신체 곳곳에 충분한 혈액을 보내지 못하면 심부전이 발생할 수 있다.

흡연이나 음주 등 일반적으로 '몸에 해롭다'고 알려진 행위를 하지 않아도 스트레스만으로도 급성 관상동맥질환이 발생할 수 있다는 사실에 주목할 필요가 있다. 만성 스트레스는 심장으로 흘러들어가는 혈액이 줄어드는 심근허혈 증상으로 심근 괴사를 유발하고, 심장의 전기 신호를 비정상적으로 만들어 부정맥 등 심장 기능 이상을 일으킨다. 쉽게 말해 만성 스트레스가 심장 손상을 유발해, 자칫 사망의 원인이 될 수도 있다는 이야기다.

한 보도에 따르면, 관상동맥경화증 환자 중 절반 이상이 일시적으로 '무통성' 심근허혈을 경험했다고 한다. 무통성 심근허혈은 우리 몸 안의 조용한 시한폭탄이다. 환자는 협심통은 물론 어떤 통증도 느끼지 못하지만, 그들의 심근에는 이미 엄청난 위험이 잠재해 있다. 보통 이런 심근허혈은 스트레스와 매우 밀접하게 연관되어 있어서 '스트레스성 허혈'이라고도 불리며, 심장질환자의 임상 예후가 나빠질 확률을 3배 넘게 증가시킨다.

스트레스가 심장 건강에 미치는 영향에 성별의 차이가 있을까? 평소 경험을 통해 이미 눈치를 챘겠지만, 답은 '그렇다'이다. 대체로 남성은 스트레스 반응이 혈압으로 나타나고, 여성은 혈소판이 응집되어 심장질환에 취약해진다. 구체적인 차이는 다음과 같다.

- 심혈관 반응: 관상동맥이 스트레스에 보이는 반응은 남성이 여성보다 더 두드러진다. 대표적으로 혈압 변화가 있다.
- 스트레스성 허혈: 스트레스는 신체 조직으로 흘러들어가는 혈류를 감소시킨다. 여성은 남성보다 그 정도가 더 심하다.

- 혈소판 응집: 스트레스를 받으면 혈소판이 응집하고 혈전이 쉽게 생긴다. 여성은 남성보다 혈소판 응집 반응이 더 두드러진다.
- 감정 반응: 불안, 우울, 초조 등의 감정은 심장질환과 관련이 깊다. 스트레스를 받았을 때, 여성은 남성보다 부정적인 감정을 더 많이, 긍정적인 감정을 더 적게 느낀다.

정리하자면 여성은 남성보다 스트레스성 심장질환에 더 취약하다.

스트레스는 어떻게 심장질환을 유발할까? 관련 연구에 따르면, 뇌에는 스트레스에 대한 이해를 담당하는 영역이 있다. 대표적으로 중추자율신경망(central autonomic network)이 있는데, 일종의 동적 시스템으로서 연접한 뇌 영역으로 구성된다. 이 신경망의 기능에는 심장과 함께 수행하는 스트레스성 활동도 포함되어, 실질적으로 '심장-뇌 연결(heart-brain connection)'을 구축한다. 중추자율신경망은 스트레스성 감정 반응을 조절하며, 자율신경계와 연계해 피드백 시스템을 통해서 스트레스 반응을 조절하고 통합한다.

전대상 피질은 신체의 고통에 반응하고 통증 정보를 처리하는 영역으로, 여기에는 심장과 관련한 협심통 및 그에 따라 다른 신체와 감정이 일으키는 통증 상황도 포함된다. 편도체는 공포, 두려움, 놀람 등에 반응하며, 위협적인 스트레스원을 찾아내고 스트레스 반응계를 활성화하는 역할을 한다. 연구자들은 신경 촬영술을 통해 내측 전전두엽 피질, 전대상 피질, 편도체의 네트워크에 뇌섬엽이라는 영역이 더해져 심장-뇌 연결을 조절한다는 사실을 확인했다. 뇌섬엽은 뇌와 몸의 연결에 매우 중요한 작용을 하는 부분이다.

우리는 살면서 학교생활, 직장생활, 부부관계, 출산과 육아 등 다양한 활동 속에서 수없이 많은 스트레스원에 맞닥뜨린다. 이런 생활 속 스트레스는 뇌 깊은 곳에서 감정을 처리하는 변연계에 영향을 미친다. 변연계가 위협이나 도전, 만성 스트레스로 흥분하면 내측 전전두엽 피질은 스트레스 반응의 정도와 시간을 조절하려고 한다. 하지만 장기간 계속되거나 제어할 수 없는 수준의 스트레스라면 전전두엽 피질과 변연계의 활동이 균형을 잃고 만다.

자율신경계의 불균형도 심장-뇌 연결에 영향을 미친다. 정상적인 상황이라면 교감신경과 부교감신경 사이에 균형이 이루어지지만, 스트레스 상황에서는 교감신경이 지나치게 활성화되고 부교감신경이 비활성화되는데, 이런 교감신경의 과도한 반응이 몸을 공격하면 부정맥을 일으킬 가능성이 높다.

또 심장질환자의 편도체는 공포와 불안에 과도하게 활성화돼 심장 기능에 부담을 준다. 똑같은 관상동맥경화증이라도 스트레스성 무통 심장질환자는 비스트레스성 환자보다 내측 전전두엽 피질이 더 강하게 활성화되는데, 이는 내측 전전두엽 피질이 변연계의 편도체를 제대로 제어하지 못한다는 의미다.

그렇다면 역으로 심장의 통증은 뇌에 어떻게 영향을 미칠까? 협심통을 경험한 환자의 뇌를 MRI 촬영했더니, 뇌 활성화에 심장이 경험한 통증이 반영되었다. 심장질환이 없는 사람의 뇌는 인지 방면이 더 활발하지만, 심장질환이 있는 사람의 뇌는 감정 방면이 더 활발하다.

우울증과 심장질환은 일종의 '사악한 동맹'을 맺는다. 인체의 질병 민감성을 높이는 이 두 가지 스트레스성 만성 질환은 동반해서 발병하는 사례가 적지 않다. 세계보건기구(WHO)는 전 세계에서 인류를 가장 크게 위협하는 질병으로 우울증과 동맥경화를 꼽았다.

심신훈련은 몸과 마음의 회복력을 끌어올려 스트레스가 유발하는 연쇄 반응을 처리하는 능력, 특히 편도체 반응을 처리하는 능력을 키운다. 몸이 건강하고 정상적으로 기능할 때, 심장-뇌 연결의 핵심인 전전두엽 영역은 편도체 조절을 책임진다. 대표적인 심신훈련법인 명상은 스트레스와 연관된 교감 및 부교감신경 사이의 불균형을 개선하고, 효과적인 혈압 조절과 인슐린 수용체의 민감성 증가에도 효과가 있다. 또 세포 노화를 늦추고 스트레스성 대사증후군을 개선하는 동시에 심근경색 등의 심장질환 발병률을 낮춘다.

남성 심근경색 환자 2,320명을 대상으로 한 연구에서, 연구대상자들은 높은 수준의 생활 스트레스를 겪거나 사회로부터 격리되면 심근경색으로 3년 안에 사망할 가능성이 높게 나타났다. 이들은 심각한 우울과 불안에 시달리는 등 스트레스에 쉽게 휘둘리다가 심장질환이 발생한 사람들로, 심신훈련을 통해 대부분 좋은 효과를 얻었다. 심신훈련이 면역을 활성화하고 질병 회복력을 향상시켰기 때문이다.

심장질환은 스트레스성 질병과 뇌가 서로 연계되어 있음을 보여주는 가장 좋은 예다. 반드시 뇌와 심장이 상호 협조해야 심장질환의 위험을 억제하고 건강한 생활을 유지할 수 있다.

전 세계는 지금
스트레스와 전쟁 중

2013년 미국 연구자들이 발표한 논문에 따르면, 지역 병원을 방문한 환자의 75~90퍼센트가 스트레스성 질환을 앓고 있었다. 미국에서는 몸이 아프면 우선 지역 병원에 방문하고, 여기에서 해결하지 못하면 상급 병원으로 간다. 그러니까 이 비율은 정신질환자만 대상으로 한 것이 아니고, 진찰받은 대부분의 사람이라는 의미다.

동양 문화권에서는 자신의 감정을 직접적으로 표현하기보다는 함축적이고 간접적으로 표현하는 데 익숙하다. 특히 부정적인 감정은 잘 드러내지 않는 걸 미덕으로 여기기도 한다. 그런데 이렇게 억눌려진 감정은 사라지지 않고 다른 방식으로 표현되곤 한다. 피로, 불면, 컨디션 난조, 탈모 등이 가장 흔한 예다. 우울증 역시 대표적인 스트레스성 정신질환으로 무기력감, 의욕 저하, 에너지 상실 등의 증상을 보이며, 심하면 자살 충동까지 느끼게 된다. 또 몸으로 나타나기도 하는데, 지금까지 밝혀진 만성 스트레스성 질환은 고혈압 등의 심뇌혈관 질병, 2형당뇨, 우울증, 불안장애, 불면증, 만성통증증후군(CPS), 월경전증후군(PMS), 불임, 암 등이다.

현재 전염성이 강한 코로나19로 전 세계가 멈춰 있지만, 스트레스 관련 비전염성 만성 질환 역시 인류 건강과 세계 경제에 거대한 위협으로 작용하고 있다. 2005년 3,600만 명이 비전염성 질환으로 사망했으며, 이와 관련된 손실이 2030년까지 누적 47조 달러에 이를 것으로 전망된다. 이는 세계총생산(GWP)의 75퍼센트에 해당한다. 현재 대부분의 사람들은 하나 혹은 그 이상의 스트레스 관련 비전염성 질환, 예컨대 심혈관질환, 만성 폐질환, 당뇨병, 관절염, 심리장애 등으로 발전할 수 있는 위험인자를 하나씩 품고 산다고 해도 과언이 아니다. 스트레스는 일반적으로 알려진 심리질환과 관련 있을 뿐 아니라, 다른 질병들의 발생 또는 예후와도 관계가 있다. 단언컨대 스트레스는 21세기 인류가 직면한 건강상의 최대 위협이라 할 수 있다.

스트레스는 일종의 부조화 상태로 인체의 생리, 심리 그리고 사회 차원의 균형을 깨뜨리고 인체 각 조직 기관에 영향을 미친다. 먼저 생리적 측면에서 우리 몸이 스트레스에 반응하는 과정은 다음과 같다.

- 제1단계: 아드레날린, 노르에피네프린, 코르티솔 등 초기 조절물질이 활성화된다.
- 제2단계: 대사계(인슐린, 총콜레스테롤 등), 심혈관계(수축기 혈압, 이완기 혈압), 면역계에 변화가 생긴다.
- 제3단계: 인지 기능 저하, 세포 노화, 질병 발생, 건강 악화 등으로 이어진다.

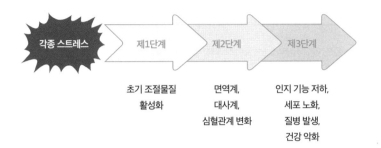

제1단계에서 3단계까지 발전하는 데 시간이 얼마나 걸리는지는 아직 명확하게 밝혀지지 않았으며, 사람마다 다르다. 다만 정기 검사를 통해 각 단계의 생리 지표를 확인할 수 있다.

항문외과 의사인 친구 한 명이 치질 수술 환자의 통증에 관해 이야기한 적이 있다. 이론적으로는 통증이 어느 정도 계속되다가 사라져야 하지만, 실제로는 많은 환자가 수술 후 오랫동안 통증을 느끼며 의사가 이 문제를 해결해주기 바란다는 것이다. 처음에 그 친구는 뾰족한 수가 없어 고민하다가 경험 많은 선배 의사들에게 도움을 구했다. 그들은 이런 상황에서 환자들의 통증을 완화시키기 위해 항우울제나 항불안제를 처방한다고 했다. 원리는 명확했다. 불안감은 신체의 불편감을 키우는데 여기에는 당연히 통증도 포함된다.

여성 질환, 특히 갱년기 장애는 더욱 그렇다. 많은 여성이 수년간 갱년기 증상을 겪으면서도 호르몬 불균형 같은 생리 변화에만 신경을 쓰고, 가정과 직장에서 받는 스트레스의 영향은 무시한다. 갱년기 약물치료는 호르몬의 균형을 맞추는 데만 작용할 뿐, 개인의 감정과 스트레스를 조절하는 데는 큰 효과가 없다.

언젠가 한 강연에서 스트레스와 여성 건강의 관계에 대해 이야기 했는데, 강연을 들은 여성이 나중에 따로 찾아와 상담을 요청했다. 그녀는 당시 폐경 증상이 있었는데, 문제는 겨우 서른두 살이라는 점이었다. 나를 찾아오기 전에도 2년 넘게 꾸준히 치료를 받았지만, 모든 검사 항목에서 아무 문제가 없었다. 단지 배란만 안 될 뿐이었다.

나는 그녀에게 혹시 증상이 시작되기 전에 특별한 일을 겪었는지 물었다. 그녀는 이제껏 한 번도 들어보지 못한 질문이라면서, 사실 교통사고가 나고 얼마 지나지 않아 증상이 나타났다고 대답했다. 차가 충돌했을 때, 뒷좌석에 앉아 있던 그녀는 다행히 특별히 다치거나 아픈 부위가 없었다. 다만 아랫배에만 저릿한 통증이 오랫동안 사라지지 않아 불편감을 느끼다가 폐경 증상으로 이어졌다고 했다. 이 교통사고는 전형적인 스트레스 사건으로, 표면적으로는 그녀의 심리나 감정에 특별히 나쁜 영향을 미치지 않았지만, 그로 인해 배란이 멈추고 말았다. 사실 이와 유사한 일들이 우리 주변에서 비일비재하게 일어나고 있다.

미국 유학 시절, 나는 우연히 현대인의 스트레스 실태를 다룬 다큐멘터리 한 편을 보았다. 한 기자가 자신의 경험을 토대로 직접 제작한 작품(〈The connection: Mind Your Body〉)이었다. 그녀는 자신의 면역계가 건강한 세포를 공격하는 자가면역질환(autoimmune disease)을 앓고 있었다. 이 병은 현대 의학에서도 아직 뾰족한 치료법이 없고, 호르몬 조절을 통해 증상을 억제할 수 있을 뿐이다. 이 기자는 운이 좋게도 심신의학을 접하게 되어 심신훈련을 시도했고, 큰 효과를 보아 점차 몸이 회복되었다.

이 다큐멘터리에는 악성종양, 유전병 등을 앓는 다른 환자 몇 명의 인터뷰가 실려 있는데, 그중에는 자연임신이 되지 않아 고민인 소아청소년과 의사도 있었다. 그녀는 검사란 검사는 다 받아보았지만 어떤 문제도 발견하지 못했고, 거의 모든 의학적 방법을 동원했으나 효과가 없었다. 그런데 엉뚱하게도 집 뒷마당에서 기르는 암탉을 통해 생각의 방향이 바뀌었다. 그녀는 암탉이 어느 날부턴가 알을 낳지 않는다는 사실을 알아차렸다. 이유가 뭘까? 유심히 생각해보니 암탉은 코요테가 닭장을 습격해서 기절초풍한 후부터 알을 낳지 않고 있었다. 그녀는 이 일을 자신의 상황에 대입해보았다.

그녀가 자연임신이 안 되었던 이유는 배란 문제가 아니었다. 소아청소년과 의사로서 그녀는 매일 눈코 뜰 새 없이 바쁘고 피곤하며 심한 스트레스를 받고 있었다. 하지만 이제껏 단 한 번도 자신이 받는 스트레스에 대해 제대로 생각해본 적도, 도움을 구한 적도 없었다. 원인을 찾은 그녀는 한 불임 여성 모임에 나가 스트레스 경감을 위한 집단치료를 시작했다. 다큐멘터리에는 그녀가 생각보다 많은 사람이 자신과 똑같은 경험을 했다는 사실을 알고 안도하는 장면이 나온다. 그녀는 다큐멘터리를 제작하는 중에 시험관 시술로 임신하고 출산했으며, 나중에 자연임신에도 성공했다.

귀국 후 나는 한 인터넷 뉴스 사이트에서 '건강에는 특별한 이상이 없는데 임신이 안 되어 고민'이라는 글을 읽었다. 댓글로 그녀에게 스트레스 정도가 심한지, 평소 기분이 불안정한 편인지 질문했더니, 이내 그렇다는 대답이 달렸다. 나는 우선 마음을 편히 가지면서 감정을 잘 다스리는 데 집중하고, 가능하다면 전문적인 스트레스 관리를 받아보라고 조언했다. 내 댓글은 많은 공감을 얻었고, 다른 사람들도 이어서 댓글을 남기며 불임과 스트레스의 관계에 대해 함께 이야기했다.

현재 많은 나라에서 불임이 심각한 문제로 대두되고 있는데, 그 원인으로 음식이나 환경오염뿐 아니라 스트레스도 진지하게 살펴볼 필요가 있다.

이제 스트레스성 질환들의 '잠복기'에 대해 이야기해보자. 여기서 말하는 잠복기는 자신의 생각이나 감정을 직설적으로 표현하지 못하고 숨기거나 에둘러 표현하곤 하는 동양 문화권에서 두드러지는 특징이다. 감정, 특히 부정적인 감정이 발생했을 때, 그것을 즉각 혹은 적어도 길지 않은 시간 안에 효과적이고 정확하게 표현하지 않거나 억누르면 반드시 문제가 발생한다.

심리학에 따르면, 사람은 부정적인 감정을 잠재의식 속에 쌓아두면 잠이 들어도 밤새 꿈을 꾸느라 숙면을 취하지 못하고 악몽에 시달린다. 가슴떨림, 답답함, 빈뇨, 위통, 딸꾹질 등의 증상으로 불편을 느끼기도 한다. 하지만 특별히 기질적인 문제가 없거나 가벼운 수준의 불편감이라면, 여기에 자신의 심리 요소가 작용했는지 깨닫기가 쉽지 않다. 게다가 이런 증상들은 즉각 드러나기보다는 마치 언제 터질지 모르는 시한폭탄처럼 몸 안에 차곡차곡 쌓이는 경우가 많다.

한 60대 환자는 건강검진을 해도 몸에서 특별한 이상이 발견되지 않았지만, 일상생활에서 쉽게 피곤해지거나 힘이 빠지고 맥이 풀렸다. 내 지도에 따라서 처음 '몸 살피기'를 시도했을 때, 그녀는 도중에 갑자기 딸꾹질을 하더니 좀처럼 멈추지 못했다. 이어진 상담에서 그녀는 몸 살피기를 하는 중에 갑자기 대여섯 살 무렵부터 집에서 아주 엄하게 교육받은 일이 떠올랐다고 말했다. 무언가 잘못할 때마다 어머니는 그녀를 무섭게 훈육하면서 절대 울지 말라고 다그쳤다. 어린 그녀는 최선을 다해 울고 싶은 마음을 억눌렀고, 아무리 해도 안 되는 날에는 차가운 물을 벌컥벌컥 마시면서까지 울음이 터지지 않도록 꾹 눌러 참곤 했다. 어른이 된 그녀는 이미 이런 일들을 모두 잊었으며 딸꾹질 같은 증상이 나타난 적은 더더욱 없었다고 말했다. 그런데 몸 살피기만으로 몸속 깊은 곳에 묻혀 있던 시한폭탄이 발견되었으니, 이것은 그녀의 몸이 그때의 일들을 잊지 않았음을 의미했다. 모든 과정을 마친 후, 그녀는 몸이 한결 가볍고 편안해졌음을 느꼈고 건강을 완전히 회복했다.

내 지인 중 한 명은 내내 건강했는데 퇴직하고 얼마 후부터 각종 건강 문제가 끊이지 않고 터져나온다고 하소연했다. 직장생활 중 받은 스트레스가 오랫동안 제대로 해결되지 못한 채 내리눌려 쌓인 탓이었다. 또 다른 지인은 늘 자신은 의지가 강한 사람이라 건강 이상이 생기지 않도록 잘 관리하고 있다고 호언장담했다. 나는 이런 유형의 사람들을 '머리로 몸을 제어하려는 사람'이라고 부른다. 그 제어는 과연 효과적일까?

어느 날, 한 환자가 나를 찾아왔다. 겉보기에 그녀는 아무 문제가 없어 보였다. 성공한 사업가에 행복한 가정이 있었으며 외모도 50세 가까운 나이라고는 전혀 생각할 수 없을 만큼 젊어 보였다. 몸 살피기를 끝낸 후, 그녀는 뭔가 이상한 느낌이 들었다고 말했다. 사실 그녀에게는 말 못할 신체상의 비밀이 있었다. 바로 무지외반증이었다. 자신이 직접 말하지 않으면 다른 사람이 알 수 없는 일이었고 일상생활에도 큰 지장이 없었지만, 예쁜 신발 특히 높고 뾰족한 구두를 신지 못하는 건 외모를 가꾸는 데 관심이 많은 그녀에게 큰 타격이었다. 원래 걷지 않을 때는 통증이 없었는데, 몸 살피기를 하는 동안 내내 발가락에 은근한 통증이 느껴졌다. 이어진 상담에서 그녀는 그동안 강해지고 싶어서, 또 자신의 의지로 통증과 싸워 이길 수 있다고 생각해 발가락 통증을 무시해왔다고 털어놓았다. 수술도 생각해봤지만, 좋아하는 운동을 못하게 될까 봐 계속 주저했던 그녀는 몸 살피기를 한 후 당장 수술하기로 마음먹었다.

사실 의지로 몸을 제어할 수 있다는 생각은 어불성설이다. 몸의 반응을 무시할수록 더 심각한 결과를 초래할 뿐임을 명심해야 한다. 지금 사방에 스트레스가 산처럼 쌓여 큰 압박감을 느끼고 있다면 더욱 그러하다. 물론 어쩔 수 없이 의지로 제어해야 하는 상황도 있다. 하지만 일단 문제가 발생했다면, 최대한 빠르게 모든 방법을 동원해서 해결해야 한다.

스트레스 관리는 건강관리에서 매우 중요한 부분이다. 정기 건강검진에서 이상이 없다고 안심할 일이 아니다.

2018년 3월, 한 1986년생 남성이 직장에서 뇌출혈 증상을 보여 응급실로 호송되었다. 10일 후, 그는 젊은 아내와 아직 어린 자녀 둘을 남겨두고 서른세 살의 나이로 세상을 떠났다. 그는 나의 친구였고, 나는 그가 쓰러지기 얼마 전 그를 짧게 만났다. 그는 자신의 스트레스 수준이 이미 심각한 상태임을 인지하고 있었다. 대형 국영기업의 프로젝트 책임자이자 두 아이의 아빠로서 일과 가정에서 받는 스트레스가 그의 몸 전체를 관통하고 있었다. 시간이 허락하지 않아서 우리는 깊은 이야기를 나누지 못했다. 당시 그는 나에게 도움을 구하지 않았고, 이후에도 좀처럼 기회가 없었다.

이 일은 나를 비롯한 주변 지인들에게 큰 충격이었다. 현대인들이 느끼는 스트레스의 심각성은 이미 돌연사라는 끔찍한 방식으로 드러나고 있었다. 어찌해볼 기회조차 전혀 주지 않고 말이다.

돌연사를 일으키는 원인으로는 대표적으로 뇌출혈과 심근경색이 있다. 두 가지 모두 혈압이 순간적으로 치솟아 발생하는데, 이 혈압 상승을 유발하는 가장 흔한 원인이 바로 감정의 격렬한 파동과 과도한 스트레스다. 모두 사전에 징조가 있어서 마음과 몸이 여러 차례 경고를 보내지만, 무시당하기 일쑤다. 심지어 경고인지도 모르는 채 넘어가는 경우가 허다하다.

　이런 경고들은 보통 확실한 질병이 아니라 '아건강(亞健康, sub-health)', 즉 미병(未病)으로 표현된다. 몸이 아프기는 한데 병원에 가서 검사를 받으면 별 이상이 없다고 한다. 심지어 아무런 이상 증상이 나타나지 않는 경우도 있다. 그래서 많은 사람이 자신은 스트레스 관리와 관계가 없다고 생각하는데, 이는 커다란 착각이다. 특히 장기간 만성 스트레스에 시달리는 사람이라면 더 주의해야 한다. 만성 스트레스는 보이지 않게 몸을 잠식하고, 머지않아 당신을 단번에 무너뜨릴 수 있기 때문이다.

　스트레스가 건강에 끼치는 위해는 점점 더 명확하고 심각해지고 있다. 지금 당장, 우리 모두 스트레스 관리를 시작해야 한다. 질병이 발생하고 나서야, 큰 병에 걸린 후에야 치료하려고 하면 늦는다. 옛말에도 있듯이, 병은 발병한 후에 치료하는 것이 아니라 발병하기 전에 다스리는 것이다. 병이 깊어진 후에 약을 쓰는 것은 목이 마른 후에 우물을 파고 전쟁이 난 후에 무기를 만드는 것과 같다.

어릴 적 스트레스가 만들어낸
트라우마

지그문트 프로이트(Sigmund Freud)가 정신분석학을 창시한 이후 아동기의 스트레스가 평생에 큰 영향을 미친다는 개념이 널리 알려졌다. 아동기 경험은 그 사람의 스트레스 반응 모델 형성에 영향을 미친다. 아동기에 스트레스 사건에 많이 노출된 사람은 스트레스의 부정적인 영향에 훨씬 더 민감하다. 뉴욕 마운트시나이 의대의 신경과학 교수 레이철 예후다(Rachel Yehuda)와 브루클린 재향군인 의료센터의 신경학자 제임스 피터스(James J. Peters)의 공동 연구에 따르면, 유대인 학살 생존자는 스트레스 호르몬 분비 수준이 보통 사람보다 월등히 높았다. 또 최근의 연구에서는 생존자들의 후손 역시 스트레스 호르몬 분비 수준이 보통 사람보다 높다는 사실이 밝혀졌다.

사람은 안정적인 양육 환경, 예컨대 안전한 보호자나 사회구성원 집단의 돌봄을 받으면 더 좋은 어른으로 성장할 수 있다. 특히 뇌가 건강하게 발육하고 진화하려면 부모 등 주 양육자와 형성하는 기본적인 연계가 매우 중요하다. 불안정한 양육은 아동기의 상처를 형성하는 중요한 원인이 될 수 있다.

인류 진화의 역사에서 최초의 스트레스는 개인이 받는 위협, 먹거리나 성적 대상 획득의 어려움 등이었지만, 지금은 부모 또는 사회와의 분리가 깊게 작용한다. 부모 또는 사회와 불안정하게 연계될 경우 스트레스가 커지고 면역계가 과도하게 활성화되는 등 면역 기능이 흐트러져 질병에 걸릴 수 있다.

분리 스트레스는 아동의 뇌 안에서 어떤 일들을 일으킬까? 가장 먼저 뇌의 전전두엽 영역이 편도체로부터 스트레스 신호를 받는다. 전전두엽 영역에서 가장 중요한 부분인 전대상 피질은 분리의 고통을 감지하고 행동을 결정해 '애착'이라는 결과에 이른다. 아동기 상처로 인해 형성된 불안정한 애착은 성장한 후까지 우울증, 불안증, 감정장애 등 특정 질환에 대한 민감성을 증가시킨다. 반면 충분한 공감과 사랑이 만드는 건강하고 안정적인 애착은 스트레스가 유발하는 대사 이상을 완화하고 병에 쉽게 걸리지 않게 한다.

최근 미국 위스콘신대학 매디슨 캠퍼스의 신경외과 연구원 리지아 파팔레(Ligia A. Papale)와 동료들은 자연과학 학술지 《사이언티픽 리포트(Scientific Reports)》에 상처를 경험한 아동의 유전자 기능 차이와 그 원인을 연구한 논문을 게재했다. 그들은 9~12세 여아 22명의 타액을 수집, 분석해 122개 유전자 중에서 스트레스가 큰 아동의 DNA 메틸화(methylation)가 스트레스가 작은 아동과 다른 것을 발견했다. ('DNA 메틸화'는 DNA 안정성 및 DNA와 단백질 상호 작용 등에서 변화를 일으켜 유전자 발현을 조절한다. 이 과정에서 환경 변화가 영향을 미치는데, 쉽게 말해 당신의 경험이 당신의 DNA 메틸화 수준을 바꿀 수 있다는 이야기다. DNA 메틸화가 DNA의 주요 사슬을 바꾸지는 않지만, DNA의 사용 방식, 발현 여부와 정도를 바꿀 수 있다.)

또 유전자 발현 방식을 분석했더니 1,400개가 넘는 유전자에서 아동이 받은 스트레스와 관련된 차이가 확인되었고, 그중에는 DNA 메틸화 양상이 아예 다른 유전자도 12개 있었다. DNA 메틸화 양상과 유전자 발현의 차이는 심리와 감정장애에 영향을 미친다고 알려진 유전자에서 더 두드러졌다. 이어진 연구에서 연구자들은 아동이 성장한 후에도 메틸화 양상과 유전자 발현의 차이가 그대로 존재한다는 사실을 발견했다. 약 10년이 지나도 게놈(genome)에서 여전히 같은 표지들이 유년기에 겪은 상처를 보여주고 있었다.

당신이 세 살짜리 아이의 부모라고 상상해보자. 어느 날, 당신은 급하게 살 것이 있어 아이를 혼자 집에 두고 집 앞 가게에 갔다. 그 짧은 시간에도 당신은 아이가 잘 있을지 너무나 걱정될 것이다. 우리가 공포를 느끼면 흥분성 신경전달물질인 글루탐산염이 분비되어 뇌를 가득 채운다. 동시에 활성화된 교감신경계가 스트레스 반응을 일으키고, 최종적으로 뇌 안에 염증 반응까지 유발한다. 실제 감염이 발생하지 않았더라도 말이다. 이처럼 아이와 분리되어 느끼는 스트레스만으로도 감염 혹은 질병이 발생한 것과 똑같은 기분을 느낄 수 있다.

너무나 당연하게 분리된 부모만 스트레스를 받는 것이 아니다. 안정적인 양육 환경에서 애착을 형성한 아이도 자신이 부모와 분리되었음을 인식할 때, 유사한 과정을 경험한다. 아이들은 처음 안정적인 애착과 분리되었을 때, 분리를 감지한 순간에 최대의 공포를 느낀다.

스트레스가
임산부에게 치명적인 이유

남성과 여성은 서로 다른 생식 호르몬을 가지고 있다. 스트레스 반응계를 이루는 주요 신체 기관들도 이 호르몬들의 영향을 받는다. 과거에는 남성이 여성보다 스트레스성 질환을 앓을 확률이 더 크다고 여겨졌지만, 실제로는 여성이 남성보다 자가면역질환, 불안과 우울 방면의 질환을 앓는 경우가 더 많다. 특히 임신과 출산 과정에서 스트레스성 질환을 앓을 확률이 큰 폭으로 증가한다. 사회적 요소도 중요하게 작용해서, 일과 생활의 균형을 어떻게 유지할 것인가 하는 문제가 여성 호르몬 수준을 변화시키기도 한다. 이런 변화는 단순히 월경 주기가 바뀌는 데 그치지 않고, 삶의 전 과정에서 스트레스 민감성을 증가시킨다.

임산부의 스트레스는 태아에게 어떤 영향을 미칠까? 적당한 수준의 스트레스 호르몬은 태아의 기관과 조직 생성 및 성장에 어느 정도 필요하지만, 강도가 높거나 오래 지속되는 스트레스는 임산부의 몸에 연쇄 반응을 일으키며, 태아에게도 안 좋은 영향을 미칠 수밖에 없다.

가장 흔한 사례는 태반 유착이다. 태반은 태아와 임산부를 연결하는 주요 기관이다. 임산부의 몸에서 스트레스 호르몬이 분비되면 태아는 태반을 통해 그 영향을 받아 염증 지표(inflammatory marker) 수준이 올라간다. 염증은 태반 유착을 더 많이 일으키면서 악순환된다.

임신 상태에서 잠재적 스트레스(심리적 압박감, 영양 부족, 저산소, 감염과 기타 스트레스원 등)로 인한 과도한 면역반응은 태반을 손상시키고, 나아가 태아의 몸 안에서 자라나는 뇌와 다른 기관까지 손상시킨다. 그 정도는 유전자에 따라 달라지며, 스트레스 강도와 지속 시간, 태아의 성별(남아가 더 취약하다) 등 다른 요소들과 결합해 최종 결과로 이어

임산부의 스트레스가 태아에게 미치는 영향

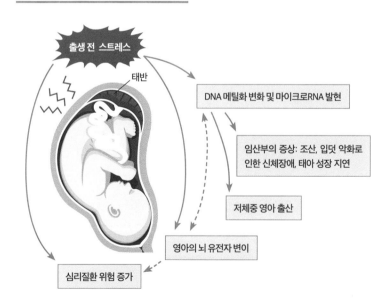

출생 전 스트레스

태반

DNA 메틸화 변화 및 마이크로RNA 발현

임산부의 증상: 조산, 입덧 악화로 인한 신체장애, 태아 성장 지연

저체중 영아 출산

영아의 뇌 유전자 변이

심리질환 위험 증가

진다. 스트레스가 태아를 둘러싸고 일으키는 이 '거센 폭풍'은 태아의 뇌 구조를 변화시키고, 감정과 인지에 장기적으로 영향을 미치며, 스트레스 반응 활동을 확대한다.

스트레스 관리는 임신기에 특히 중요하다. 어쩌면 어머니와 아이의 평생을 좌우하는 일일 수도 있다. 임산부가 받는 스트레스는 유전자의 변화를 유발하고, 자신과 태아에게 연쇄적인 악영향을 미친다. 대표적으로 임산부와 태아를 해치는 다양한 임신합병증과 함께 태아의 뇌 회로 변화를 들 수 있다. 뇌 회로가 변하면 스트레스 반응 증가, 신경 발육 저하 등의 질환으로 이어져 평생 영향을 미칠 수 있다.

더욱 주목해야 할 점은, 스트레스가 유발하는 유전자 변화가 유전자 특징으로 발현된다는 사실이다. 만약 당신의 외증조모가 외조모를 임신했을 때 고도의 스트레스를 받았다면 당신 역시 유전적으로 스트레스성 장애나 질환이 있을 가능성이 크다. 혹자는 이것이 유전적인 문제가 아니라 아이가 스트레스를 많이 받는 부모의 행위를 학습한 결과라고 주장한다. 하지만 스트레스 반응이 일으키는 유전자 변화가 정자와 난자를 통해 다음 세대로 전달된다는 이론을 뒷받침하는 과학적 증거가 적잖이 제시되고 있다.

프로게스테론은 임신에 필요한 주요 생식 호르몬으로, 스트레스 해소에 도움이 된다. 임신기에 프로게스테론 수준이 높으면 뇌에서 신경 안정 작용을 하는 감마아미노뷰티르산(gamma-aminobutyric acid, GABA)이 증가해 임산부가 안정을 유지할 수 있다. 신경전달 억제 물질인 GABA는 임산부를 위한 '천연 안정제'라 할 수 있다. 이완과 휴식 등 편안한 상태에서 수준이 높아지므로, 임산부는 명상이나 요가 등으로 심신훈련을 하는 것이 좋다. 프로게스테론은 또 항염증 유전자를 강하게 자극해 임산부의 세포를 보호함으로써 스트레스에 대응하게 한다.

뇌하수체 후엽 호르몬 중 하나인 옥시토신(oxytocin)도 중요한 항스트레스 호르몬이다. 옥시토신은 시상하부에서 만들어지며, 남성과 여성의 스트레스 조절에 모두 중요하다. 특히 사람을 기분 좋게 만드는 효과가 있어서 '사랑의 호르몬'이라고 불린다. 옥시토신의 스트레스 완화 작용은 주로 사회관계 행위와 관련이 있다. 긍정적인 상호 활동과 사회적 지지는 외로움을 달래주고 기분을 개선하며 심혈관질환 발생을 줄이는 등 건강에 좋은 영향을 미친다.

학자들은 사회관계 행위가 특히 여성의 스트레스 완화에 유익하다고 본다. 여성의 경우, 스트레스 반응의 조기 경보가 그다지 효과적이지 않은데, 특히 임신 중이거나 자녀에게 '얽매인' 상황이라면 더더욱 그러하다. 진화적인 측면에서 여성은 스트레스원에 대해 경고해주거나 도피를 돕는 사람, 아이 돌보기를 도와주는 사람과 관계를 더 잘 맺는다. 반대로 남성은 스트레스원을 마주하면 공격적으로 싸우려는 반응을 보이는 경향이 있는데, 이는 높은 수준의 테스토스테론, 상대적으로 발달한 근육, 그리고 '얽매이는' 임신 상태를 겪지 않는 덕이다. 여성은 스트레스를 받으면 타인으로부터 안정과 평안을 얻고자 하지만, 남성은 그런 스트레스 처리 방식에 익숙하지 않다. 이 차이는 여성과 남성의 옥시토신 수준이 서로 다르기 때문이다.

여성에게는 임신기 외에 또 하나의 특수한 시기가 있다. 바로 갱년기다. 이 시기 호르몬 수준의 변화는 여성에게 큰 영향을 미치는데, 어쩌면 임신과 출산 때보다 더 복잡할 수도 있다. 이 시기에 여성의 몸에서 분비되는 에스트로겐과 프로게스테론은 그 수준에 따라 서로 다른 심리 상태를 유발한다. 예를 들어, 낮은 수준의 에스트로겐은 세로토닌을 감소시켜 스트레스 민감성을 높인다. 또 프로게스테론이 고갈되면서 GABA 수준이 떨어져 스트레스에 취약하게 된다.

갱년기에 겪게 되는 여러 호르몬 수준의 저하와 파동은 여성의 스트레스 대응 능력을 떨어뜨린다. 갱년기 여성에게서 흔히 관찰되는 변화무쌍한 감정기복도 이 때문이다. 이 시기의 스트레스는 여성의 가임기가 끝났음을 표지하며, 호르몬 수준의 변화는 뇌 화학물질과 스트레스 반응에 직접적인 영향을 미친다. GABA 수준의 변화, 생식 호르몬 감소, 그리고 취약해진 스트레스 대응 능력은 임신·출산기와 유사한 감정장애를 일으킨다.

또 하나의 중요한 호르몬인 멜라토닌도 갱년기에 크게 줄어든다. 멜라토닌은 항산화 작용을 하며 수면을 돕고 신체 리듬을 개선하며 뇌세포의 생장을 돕는 호르몬이다. 갱년기에 들어선 많은 여성이 멜라토닌 부족으로 수면장애를 겪고, 심혈관질환이나 치매 등 산화 스트레스와 연관된 질병에 시달린다. (산화 스트레스란 체내 에너지 생성 과정 중에 활성산소, 즉 유해산소가 많아져서 생체 산화 균형이 무너진 상태를 말한다. 활성산소 과잉은 세포 유전자에 영향을 미치거나 손상을 주고, 면역체계를 약화시키며 암과 같은 질병을 유발하고 노화를 일으킨다.)

갱년기가 여성에게 미치는 영향을 완화하는 방법은 없을까? 우선 낮은 수준의 세로토닌은 트립토판과 비타민D가 풍부한 음식 섭취를 통해 보충할 수 있다. GABA 수준은 명상을 통해 올리고, 산화 스트레스에 대응하려면 건강한 항산화 성분이 많이 함유된 음식을 섭취해야 한다. 마지막으로 밤에 빛을 줄이는 것만으로도 떨어진 멜라토닌 수준을 어느 정도 회복할 수 있다.

스트레스와
불면증의 상관관계

스트레스는 우리의 기분, 인지, 생리 수준에 영향을 미칠 뿐 아니라 수면장애까지 유발한다. 낮에 받은 스트레스가 제대로 처리되지 않고 잠재의식 속에 쌓이면 잠자면서 계속 꿈을 꾸거나 악몽에 시달리게 된다. 대부분의 경우, 수면장애를 일으키는 가장 주요한 원인은 현재 생활에서 겪는 만성 스트레스다. 다양한 스트레스원이 당신으로 하여금 잠 못 이루고 밤새 깨어 있게 만들 수 있다. 만약 이런 상태가 오래 지속되면, 회복하기 어려운 심각한 수면장애로 이어진다. 스트레스 때문에 수면의 질이 저하되면 다시 더 많은 스트레스를 받게 되고, 잠재한 위험의 크기도 점점 더 커진다. 즉각 과학적인 중재가 이루어지지 않는다면 악순환이 이어져 되돌리기 어렵게 된다.

그렇다면 역으로 양질의 수면이 스트레스를 줄일 수 있을까? 이 질문에 답하려면 우선 수면의 목적과 작용을 이해해야 한다. 수면은 인간의 본능이다. 노력하지 않아도 심장이 뛰는 것처럼 피곤하고 졸리면 자연스럽게 잠을 자게 된다. 그런데도 다수의 불면증 환자는 잠을 자기가 어렵고, 잠자리에 드는 것이 두려울 지경이라고 호소한다. 이런 현상은 사실 심리적인 요소의 작용이다. 애초에 수면이란 학습이 필요하지 않은 행위다. 아이들은 충분히 놀지 못했다고 생각하면 자지 않겠다고 떼를 쓰지만, 자지 않고는 못 배길 지경까지 피곤해지면 시키지 않아도 스스로 제일 좋아하는 인형을 껴안고 눕는다. 심지어 선 채로 잠들기도 한다.

성인의 수면도 이와 별반 다르지 않다. 다만 성인들은 생각을 너무 많이 해서 자신의 수면 패턴에 얼토당토않은 '목표'를 붙인다. 반드시 8시간 숙면하겠다거나, 적어도 12시 전에는 잠들어서 독소를 배출하고 간 건강을 지키겠다는 식으로 말이다. 수면을 함부로 제어하고 패턴을 바꿔보려는 시도는 자연수면의 과정을 방해하는 행위일 뿐이다. 그래봤자 자신의 수면 상황에 불만만 생기고 불편한 경험만 늘어날 뿐, 원하는 효과는 얻기 어렵다.

베개가 불편해서 자고 일어나면 목이 아프다고 투덜거리는 사람이 많다. 그런데 한번 생각해보자. 사실 잠을 잘 수 있으면 다행일 정도로 열악한 환경이라면 어떤 베개인지 신경이나 썼겠는가? 어쩌면 베개 탓이 아니라, 수면이 당신이 목표한 대로 이루어지지 않아서 목이 아픈 건 아닐까? 불면증이 있는 사람일수록 수면 상황을 어떻게 해보려고 감당도 못할 일을 시도해서는 안 된다. 나는 현대인의 수면 관리가 각자의 '자연수면 회복'을 지향해야 한다고 생각한다. 이른바 '좋은 수면'이라는 기준을 무작정 따르는 것이 아니고 말이다.

수면의 작용에 관해 가장 보편적으로 인정받는 과학적 해석은 '에너지 분배'다. 우리는 낮에 깨어 있는 동안 대량의 에너지를 소모하면서 활동한다. 그래서 세포를 보호하고 재건하며 신체의 손상을 보충할 에너지가 부족하다. 수면은 우리가 깨어 있을 때 활동하는 신체 시스템을 닫거나 꺼서 에너지를 보존할 수 있게 해주는 기능을 한다.

깨어 있을 때 학습을 많이 할수록 세포는 더 많이 파괴된다. 만약 무작정 계속 학습을 함으로써 뇌세포의 활동을 늘린다면 학습 능력이 포화돼 유의미한 정보를 구분할 수 없게 될 것이다. 우리는 주변 환경이 혼란스러울 때 반드시 유의미한 정보를 구분해서 뉴런이 선택적으로 작업할 수 있게 해줘야 한다. 수면은 우리의 뇌로 하여금 더 중요한 자극에 우선 반응을 내놓는 능력, 신경의 동태균형 및 학습 능력을 새로이 회복하도록 해준다.

어떤 강제적인 이유로 자연수면이 불가능한 상황을 '수면박탈 (sleep deprivation)'이라고 한다. 불면증 등의 수면장애를 일으키는 주관적 원인이 아니라 객관적인 이유로 수면을 방해받는 현상이다. 출근이나 등교 시간에 늦지 않으려고 자연스럽게 잠에서 깰 때까지 잘 수 없는 상황이 전형적인 수면박탈 사례라 할 수 있다. 수면박탈은 더 많은 스트레스를 초래하고, 그 상태에 있는 사람은 스트레스에 더 민감해지기 마련이다. 수면의 질과 양은 스트레스 반응에 영향을 미친다. 자주 경험하는 스트레스 사건은 꿈의 내용과 꿈속에서 느끼는 감정에까지 영향을 준다. 만약 낮에 스트레스 사건이 있었다면 꿈속에서의 경험도 실제와 똑같이 사람을 괴롭힐 수 있다.

스트레스가 심한 사람은 놀람반사(startle reaction)가 증가해 잠에서 자주 깨기 때문에 수면의 질이 낮다. 또 꿈의 내용을 잘 기억하지 못하는데, 스트레스가 꿈을 꾸는 단계인 렘수면(rapid eye movement sleep)을 단축하기 때문이다. 수면에서 가장 중요한 단계라 할 수 있는 렘수면은 전체 수면 과정의 후반부에 더 비중이 커지므로, 대부분의 사람은 렘수면 상태에서 잠에서 깨고 방금 꾸었던 꿈을 기억한다. 만약 수면 과정의 다른 단계에서 깨어나면 아예 꿈이 기억나지 않을 것이다.

수면은 스트레스 대응 과정에서 매우 중요한 역할을 한다. 잠을 충분히 자지 못하고 비자연적으로 깨어나는 일이 반복될 경우, 스트레스를 받았을 때 순간적으로 치밀어오르는 화를 제어하기 어렵게 된다. 잦은 수면박탈은 아침에 짜증, 화, 우울감을 유발할 뿐 아니라 이후 큰 질환에 걸릴 가능성을 키운다.

수면박탈은 신체의 여러 핵심 신경 구조에까지 영향을 미친다. 밤새 수면박탈이 계속되면 다음 날 전전두엽 영역에 혈액 공급이 줄어들어 복잡한 일을 제대로 해내기 어려워진다. 젊은 사람은 급성 수면박탈 후에 악영향이 비교적 적고, 나이 든 사람에 비해 만성 수면박탈에도 쉽게 적응하는 편이다. 그래서인지 이런저런 이유로 자주 밤을 꼬박 새우면서 자신은 젊고 건강해서 끄떡없다고 장담한다. 하지만 이런 생활의 끝은 낙관적이지 않다. 단언컨대 만성 수면박탈의 장기적인 악영향을 피하는 방법은 없다.

충분한 수면을 취하지 못한 사람은 스트레스 상황에서 감정 제어 기능이 제대로 작동하지 않아 격한 반응을 보이고 이성과 논리를 상실할 수 있다. 한 연구에서는 수면박탈이 위험 행위에까지 영향을 미칠 수 있음이 밝혀졌다. 학생 4천 명을 대상으로 12개월 동안 수행된 연구에서 불면증이 흡연과 음주운전으로 이어질 수 있음이 증명된 것이다. 또 10~19세 청소년 2만 명을 대상으로 한 연구에서는 수면장애가 부정적인 스트레스 사건과 결합하면 미래에 총기 사용 등 공격적 행위를 유발할 수 있다는 결과가 나왔다.

스트레스와 수면박탈은 이처럼 떼려야 뗄 수 없는 관계가 있으니, 반드시 두 가지 모두 잘 다스려 일상생활에 부정적인 영향을 미치지 못하게 해야 한다. 어떻게 해야 할까? 가장 간단한 방법은 낮에 시간을 내 잠깐이라도 눈을 붙이는 것이다. 낮의 이 '짧은 휴식'은 수면박탈과 연관된 신경 내분비 및 면역 호르몬을 감소시키는 데 탁월하다.

수면장애가 생기면 대부분 '어떻게 하면 밤에 더 푹 잘 수 있을까?'만 고민하지, 낮 동안에 무엇을 할 수 있을지에 대해서는 잘 생각하지 않는다. 하지만 이미 여러 연구를 통해 밤새 수면을 박탈당했더라도 낮에 30분 정도 자고 일어나면 훨씬 몸이 개운하고 컨디션이 개선된다는 사실이 증명되었다. 또 수면박탈이 발생한 후에 그만큼 밤에 회복 수면을 했더라도 다음 날 잠깐 낮잠을 잔 사람만 면역계 염증 지표가 정상 수준으로 떨어졌다는 연구 결과도 있었다. 이는 수면박탈을 겪었을 때, 회복성 밤 수면만으로는 부족하며, 반드시 낮에 짧은 휴식을 취할 필요가 있다는 것을 의미한다. 바꿔 말하자면, 낮잠 등의 짧은 휴식은 해도 되고 안 해도 되는 일이 아니라 반드시 해야 하는 일이다. 물론 낮잠은 30분을 넘지 않아야 한다. 그 이상 자면 밤 수면에 영향을 줄 수 있고, 불면증이 있는 사람에게는 더욱 그러하니 주의해야 한다.

그리스인 23,681명을 대상으로 한 연구에서 그리스인들은 미국인보다 낮잠을 더 많이 자며, 이런 짧은 낮잠 습관이 건강한 남성의 심장병 사망률 감소와 뚜렷한 관계가 있다는 결과가 나왔다. 일본에서는 기업이 직원들에게 근무 중 짬을 내 짧게 낮잠을 자도록 권장한다.

짧은 휴식은 야근 작업에도 도움이 된다. 야근은 분명히 수면 리듬을 흐트러뜨리는 요소지만, 짧은 휴식으로 그 부정적인 영향을 감소시킬 수 있다. 야근 중에 계획적으로 20~30분가량 짧은 휴식을 취하면 야근으로 인한 수면방해를 줄여주는 효과가 있다. 특히 비행기 조종사라면 수면박탈에 따른 피로와 인지 능력 감소를 더욱 경계해야 한다. 비행 중에 문제점을 알아차리고 효과적으로 대처하는 능력을 저하시킬 수 있기 때문이다. 실제로 조종사의 비행 피로는 비행기 사고의 원인 중 하나로 꼽힌다. 이외에도 짧은 휴식은 수면박탈이 빈번하고 스트레스가 큰 청소년층에게 효과적이다.

일이나 환경 등의 이유로 밤에 통잠을 잘 수 없는 상황이라면 전략적인 짧은 휴식으로 수면박탈의 나쁜 영향을 피할 수 있다. 짧은 휴식의 대표적인 방식은 낮잠으로 30분이면 충분하다. 보통 한 번의 수면주기가 약 90분이므로 스스로 일어나기가 쉽지 않겠지만 이때는 알람을 활용하면 된다.

그런데 이 짧은 휴식도 여의치 않은 상황이라면, 이완훈련이 차선책이 될 수 있다. 이완훈련은 30분 정도 소요되지만, 미니 훈련은 더 짧게 5~10분이면 충분하다. 현재 세계 곳곳의 수면 테라피에서 추천하는 '불면증 인지행동치료(CBT-I)'에도 이완훈련이 포함되어 있다. 이는 스트레스성 불면증으로 괴로워하는 사람들을 위한 우선적인 방법이자 자연수면을 회복하는 가장 과학적이고 효과적인 방안이다. (이완훈련 방법은 파트2 참조.)

노안과 백발의
결정적인 원인

　노화는 모든 사람이 반드시 겪게 되는 과정이다. 과학기술이 아무리 발달해도 인간의 노화를 막거나 되돌리기는 불가능하다. 우리의 인지 기능은 나이가 들면서 점차 쇠퇴하고 집중력이 떨어진다. 나이와 함께 진행되는 인지 손상은 꽤 어려운 일을 수행하거나 하나의 일에서 다른 일로 전환하는 상황에서 더욱 두드러진다. 일반적으로 기억의 정도가 정상 범위를 벗어나면 '인지 손상'이라는 진단이 내려진다. 인지 능력이 손상된 사람은 대체로 건망증이 심해지고 판단력이 떨어져서 일상적인 활동에 방해를 받는다. 그중 일부는 알츠하이머 같은 치매 증상으로 이어지기도 한다.

　노화와 스트레스, 면역계가 상호 작용을 통해 노년의 인지 기능에 영향을 미친다는 이론은 이미 여러 연구를 통해 증명되었다. 사람은 나이가 들면 흥분성 신경전달물질을 관리하는 능력을 잃는다. 만약 노인이 만성 스트레스 상황에 처해 있다면 코르티솔 분비가 증가해 인지 기능이 저하되고 치매로 이어질 위험도 커진다.

최근의 노화 연구는 노화와 텔로미어(telomere)의 관계에 주목한다. 세포 염색체 끝에 씌워진 모자처럼 생겨서 '염색체 모자'라고 불리는 텔로미어는 세포 분리 과정에서 유전자 정보가 손실되거나 상하지 않도록 보호하는 역할을 한다. 텔로미어의 길이는 세포의 수명과 관련이 있어서 좀 더 기다란 텔로미어가 달린 세포가 더 오래 산다. 텔로미어가 짧은 세포는 관상동맥경화증, 골다공증, 인체면역결핍바이러스(HIV) 감염 등 광범위한 질병과 관련이 깊다. 연구에 따르면, 만성 스트레스에 시달리는 사람은 대체로 텔로미어가 짧다. 게다가 코르티솔이 텔로미어를 보호하는 성분인 텔로머레이스(telomerase)의 분비까지 억제해서, 세포가 조기 노화하고 복제 이상을 일으켜 암을 비롯한 각종 질병에 걸릴 수 있다.

노화와 관련된 또 다른 반응으로 산화 스트레스가 있다. 스트레스는 세포 수준에서 대사를 과도하게 활성화해 산화 스트레스 환경을 만든다. 질병민감성 연구에 따르면, 만성 질환을 앓는 아이를 키우는 엄마는 산화 스트레스 수준이 매우 높은 것으로 나타났다. 특히 백혈구의 텔로미어가 짧아지는 확률이 스트레스가 없는 엄마보다 10배나 높았다. 즉, 큰 스트레스를 받을 경우 면역세포 노화 속도가 그만큼 빠르다는 이야기다.

다행히 백혈구의 노화를 늦추는 몇 가지 방법이 있다. '마음챙김 명상(mindfulness meditation)'은 산화 스트레스를 줄이고 노화 반응을 완충하며, 명상이나 요가 같은 심신요법 역시 약물의 도움 없이도 세포의 텔로미어를 연장하는 효과가 있다. 명상은 사람을 편안한 생리 상태, 즉 스트레스 반응과 정반대 상태로 만들어준다. 명상 중에는 세포의 과도한 활동이 줄어든다. 우리는 명상하는 사람들의 백혈구를 관찰해 선천적이고 즉각적인 감염 반응(미생물 혹은 상처의 위협에 대응하는 면역 반응), 노화 및 산화 스트레스와 관련 있는 유전자들이 모두 비활성화되는 현상을 발견했다. 반대로 세포가 생산되는 데 필요한 에너지(주로 산소와 포도당)와 관련된 유전자들은 활성화되어서, 산화 스트레스와 만성 감염 반응이 모두 줄어들고 백혈구의 유전자 발현이 더욱 건강한 형식으로 변했다.

요가나 기공 같은 명상운동은 스트레스 때문에 높아진 질병민감성을 낮춘다. 동시에 교감신경계의 활동을 줄이고 부교감신경의 작용을 늘려서 혈압, 심박동수, 호흡 리듬을 낮춘다. 그에 따라 산소 소모량도 감소한다.

'하버드 76년 행복실험'은 유사 이래 최장기간 계속된 성인 생활 연구다. 하버드는 무려 76년 동안 성인 남성 724명을 추적해서 건강한 행복을 유지하는 방법을 찾아냈다. 비결은 바로 '좋은 관계'였다. 타인과 맺는 좋은 관계는 우리를 더욱 즐겁고 건강하게 만든다. 명상운동, 특히 마음챙김 명상과 즉각적인 이완훈련은 공감과 감동 등 관계 맺기에 도움이 되는 능력을 효과적으로 배양한다. 이 훈련은 당신이 사회와 건강하게 연계하고 양질의 인간관계를 실현하도록 돕고 건강 수준까지 크게 향상시킨다. 여기에 심신 살피기도 보조 작용을 할 수 있다. 단언컨대 스트레스는 노화, 특히 뇌의 노화 속도를 가속한다. 심신 요법은 노화를 늦추는 가장 안전하고 편리하며 효과적인 방법 중 하나다.

스트레스가 우울증을 유발하는
2가지 원인

스트레스와 우울감이 서로 영향을 미친다는 사실을 증명하는 연구
결과는 이미 차고 넘칠 정도로 많다. 여기서는 중요한 두 가지 기제를
소개하고자 한다.

첫 번째 기제는 스트레스가 면역계에 영향을 미치는 '상의하달 시
스템'이다. 이는 심리 활동으로 대뇌피질 영역이 만드는 일련의 반응
들을 가리킨다. 전대상 피질, 전전두엽 피질, 뇌섬엽이 여기에 관여하
는데 이런 피질 영역들은 각종 정보를 종합해서 내부 기관의 안정을
유지하고 심장, 폐, 장, 근육과 조직 등 신체 곳곳에 신호를 보낸다. 고
혈압과 소화성 궤양 등 여러 가지 질병이 매일의 일상에서 맞닥뜨리
게 되는 스트레스원들과 부분적으로 관련이 있다.

스트레스 상황에서는 중추신경계와 면역계 사이에 풍부한 상호 교
류가 이루어진다. 중추신경계는 다양한 방식으로 면역계에 영향을 미

친다. 지금까지 많은 연구가 중추신경계와 면역계가 여러 종류의 심리 증상과 어떤 관계가 있는지 밝혀냈는데, 그중에서도 가장 많이 연구된 증상이 바로 우울증이다.

여러 문헌에 따르면 우울증은 스트레스가 촉발하며 무기력, 불안과 짜증, 슬픔, 흥미 상실 등의 증상을 보인다. 주의력 결핍과 '심리적 각성(psychological arousal)' 저하도 우울증 환자들에게서 흔히 보이는 증상이다. 그렇다면 스트레스는 어떻게 우울증을 유발할까? 연구자들은 '학습된 무력감(learned helplessness)'이라는 개념을 제시한다. 즉, 장시간 혹은 반복적으로 스트레스 사건에 노출되면, 상황을 바꾸거나 피할 수 있음에도 불구하고 지레 자포자기해 극복하려는 시도조차 하지 않는다는 것이다. 우울증이 있는 사람은 실패가 반복되면 커다란 무력감에 휩싸인다. 빈번한 무력감은 문제를 해결하려는 동기, 즉 내재 동력을 저하시키고 이에 따라 실제 능력과 행동력까지 감소한다. 그럴수록 환자는 더 나태해져서 다른 사람들이 이해할 수 없는 지경까지 할 일을 미루기만 한다.

두 번째 기제는 신체에 발생한 문제가 뇌에 영향을 주는 '하의상달 시스템'이다. 우리 몸은 신경계를 통해 현재 몸 안에서 일어나는 일이나 위험 요소에 관한 정보를 뇌에 보낸다. 여기에는 피부, 골격근, 관절과 내부 조직에 대한 정보 등이 모두 포함된다. 뇌는 전달받은 정보를 해석한 후, 신체에 적합한 대응 반응을 내놓으라고 지시한다. 이와 같은 정보 피드백 회로는 뇌와 주변 조직 및 기관 사이에 동태균형을 유지한다. 그러니까 사람의 건강 수준은 신체 기관과 뇌 사이의 효과적인 정보 교환으로 실현되는 셈이다. 이 정보 교환은 자율신경을 따라 활성화되며, 호르몬 분비로 가속 혹은 억제된다. 뇌에서는 변화가 발생하는 동시에 심리 상태가 반영된다. 정보는 다시 상의하달 시스템으로 전달되어 자율신경계, 신경 면역계, 신경 내분비계를 조절하고 신체에 그 양상이 드러난다.

동양 사람들은 전통의학의 영향으로 뇌의 여러 기능을 심장에 포함시키면서, 심리 상태가 심장의 건강과 깊이 연관되어 있다고 여겨왔다. 속상한 일이 있으면 '가슴이 아프다'고 이야기하는 것도 그 때문이다. 하지만 알다시피 심리 상태는 심장이 아니라 뇌에서 주관하는 기능이자 반응이다. 우리가 스트레스를 관리하려고 할 때, 반드시 뇌과학을 먼저 이해하고 뇌 훈련으로 접근해야 더 좋은 효과를 얻을 수 있는 이유다.

심신요법은 상의하달과 하의상달이라는 두 가지 시스템을 모두 다뤄 효과를 제고한다. 예를 들어 '점진적 이완(progressive relaxation)'은 근육의 긴장을 풀거나 피부 온도를 낮추는 등 여러 기관의 활동을 통해 뇌로 신호를 전달한다. 역으로 주의력 집중과 의식적인 이완 등을 통해 상의하달식으로 관절과 근육 등의 기관에 신호를 보내 이완을 진행할 수도 있다.

또 기공이나 요가의 호흡법과 자세 등을 위의 두 가지 기제와 결합함으로써 정신과 육체에 모두 변화를 유도할 수 있다. 새로운 운동 영역으로 자리 잡은 이 훈련법을 '명상운동'이라고 하는데, 이에 관해서는 파트2에 더 자세히 소개하겠다.

스트레스는
정말 나쁘기만 할까?

현대 사회에서 스트레스는 해롭고 부정적이며 최대한 피해야 할 것으로 인식된다. 주변을 둘러보면 다들 눈코 뜰 새 없이 바쁘고 일과 생활에서 스트레스를 너무 많이 받는다고 하소연한다. 그런데 스트레스는 정말 나쁘기만 한 걸까? 캘리포니아대학교 버클리 캠퍼스의 다니엘라 카우퍼(Daniela Kaufer) 교수 연구팀은 중간 강도의 단기 스트레스 자극이 오히려 각성 수준과 기억력을 향상시킨다는 연구 결과를 발표했다.

연구팀은 실험쥐가 스트레스를 받으면 뇌 해마의 줄기세포 생장에 어떤 변화가 발생하는지 관찰했다. 해마는 뇌에서 스트레스 반응을 일으키는 영역 중 하나로, 학습과 기억에 매우 중요하게 작용한다. 실험쥐가 단시간 동안 중간 강도의 스트레스 자극(몇 시간 동안 고정되어 움직일 수 없었다)에 노출되자 해마의 줄기세포가 자극을 받아 새로운 뉴런이나 다른 뇌세포를 생성했다. 몇 주 후 이 실험쥐는 학습과 기억 능력이 크게 개선되었음이 확인되었다. 이는 개체가 스트레스 자극을 받아도 뇌에서 새로운 세포가 만들어진다는 의미였다. 하지만 이어진 실험에서 실험쥐가 만성 스트레스나 높은 강도의 스트레스 자극(고정된 상태에서 포식자가 다가오는 소리를 들었다)에 노출되자 새로 생성되는 뇌세포 수가 현저히 줄어들었다.

카우퍼 교수는 이 실험 결과를 바탕으로 사람도 실험쥐처럼 스스로 처리할 수 있는 수준의 강도라면 스트레스가 각성 상태, 학습과 기억 능력을 향상시키는 데 도움이 될 수 있다는 결론을 내렸다. 야생의 동물들도 마찬가지다. 포식자로부터 도망친 동물의 경우, 언제 어디서 포식자를 맞닥뜨렸는가에 관한 기억이, 이후 그가 다시는 유사한 위험에 빠지지 않게 도와줄 것이다. 사람도 그렇지 않은가? 소매치기를 당해서 낭패를 본 후로는 그때와 유사한 상황을 되도록 피하려고 할 것이다.

스트레스를 덮어놓고 멀리할 필요는 없다. 어차피 완벽하게 피할 수도 없거니와, 적당한 스트레스는 주어진 일을 잘 해내고 새로운 기술을 학습하는 능력을 개선하는 등 우리 삶에 도움이 될 수 있다. 미국 심리학자 로버트 여키스(Robert Yerkes)와 존 도슨(John Dodson)은 이와 관련해 최초로 과학적인 분석을 시도했다. 두 사람은 도전적인 과제를 받은 사람들을 관찰했더니 뇌와 신체가 모두 과제 수행을 위해 더 기민해지거나 각성하는 등의 변화가 있었다면서, 그 결과를 각성 수준(level of arousal)과 수행 수준(quality of performance)의 관계를 보여주는 그래프로 제시했는데, 이를 '여키스-도슨 법칙'이라고 한다. 각성은 대량의 호르몬이 분비되면서 근육이 긴장하고 심박동수와 민

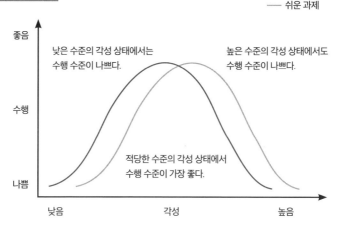

여키스-도슨 법칙

― 어려운 과제
― 쉬운 과제

좋음

낮은 수준의 각성 상태에서는
수행 수준이 나쁘다.

높은 수준의 각성 상태에서도
수행 수준이 나쁘다.

수행

적당한 수준의 각성 상태에서
수행 수준이 가장 좋다.

나쁨

낮음   각성   높음

감성이 증가하는 상태를 가리킨다. 위 그래프에서 알 수 있듯이, 각성 수준이 중간일 때 수행 수준이 가장 높다. 각성이 아예 없거나 있더라도 너무 낮거나 높으면 수행 수준이 떨어진다. 강도가 높은 스트레스는 수행 수준을 떨어뜨릴 뿐 아니라 신체적 고통이나 질병까지 유발할 수 있다. 사람은 중간 수준의 각성 상태에서 각종 기능을 훌륭하게 수행할 수 있으며, 심지어 스트레스에서 도움을 받기까지 하는데, 이를 '유스트레스(eustress)'라고 한다. (반대로 신체나 감정의 장애, 심리적 고통을 유발하는 나쁜 스트레스는 '디스트레스(distress)'라고 한다.)

그렇다면 스트레스의 강도는 어떻게 측정할까? 어느 정도를 중간 강도라고 말할 수 있을까? 사실 스트레스 반응은 사람마다 다르다. 같은 스트레스 사건이라도 별일 아니라며 수월하게 처리하는 사람이 있는가 하면, 당황해서 어쩔 줄 몰라 하는 사람도 있다. 이런 차이는 스트레스에 대한 각자의 관점에 의해 결정된다. 자신감이 있고 심리 회복력이 좋은 사람은 스트레스를 유연하게 받아들여 적당한 반응을 내놓는다. 또 스스로 스트레스를 제어할 줄 아는 사람은 애초에 큰 영향을 받지 않는다.

예를 들어보자. 새로운 프로젝트를 맡았는데 마감 기한이 너무 짧다면, 이는 직장인에게 분명히 큰 스트레스원이 될 것이다. 하지만 이런 상황에서도 기한 안에 꼭 해내겠다고 생각하는 사람은 스트레스를 받기는 해도 크게 흔들리지 않으며, 오히려 그것을 동력 삼아 긴장을 유지하면서 프로젝트를 완수한다. 반면 기한 안에는 절대로 해낼 수 없다고 여기는 사람은 일을 제대로 하지 못할 뿐만 아니라, 스트레스에 짓눌려 몸과 마음에 부정적인 영향을 받는다.

스트레스를 받더라도 일을 잘 해내고 싶다면, 비결은 연습뿐이다. '1만 시간의 법칙'을 들어보았는가? 한 분야의 전문가가 되려면 최소한 1만 시간 정도의 훈련이 필요하다. 어떤 분야에서든 어떤 기술이든, 충분한 연습은 당신이 더 안정적인 수준에 도달하도록 만들어줄 것이다. 더불어 평소에 이완훈련을 충실히 해두면 과도한 스트레스 반응이 신체에 미치는 부정적인 영향을 완화할 수 있다. 긴급한 상황에 적용할 수 있는 긴급 스트레스 대응 훈련은 당신을 좀 더 편안하게 만들어줄 것이다. 사격훈련을 하는 군인, 공연을 앞둔 배우, 많은 청중 앞에 서야 하는 강연자 등도 이런 훈련을 통해 스트레스를 능숙하게 처리함으로써 더 나은 결과를 낼 수 있다.

적당한 스트레스는 당신이 주의력을 한곳에 집중해서 난관과 싸워 이겨 목표를 달성하도록 돕는다. 적당한 스트레스로 인한 흥분과 긴장은 위협적인 대상이나 상황에 맞닥뜨렸을 때 느끼는 고통과 다르다. 전자는 우리에게 삶의 쾌감을 주면서 좀 더 발전하도록 북돋지만, 후자는 실패에 대한 두려움이나 실현할 수 없는 희망에 대한 좌절감과 함께 커다란 박탈감을 유발한다.

벗어나고 싶지만 피할 수 없는 스트레스원을 만났을 때, 사람들은 무력감에 무너지고 아무런 희망이 없다고 생각하다가 끝내 우울증에 빠지고 만다. 스트레스에 대한 매우 소극적인 방어 전략을 '보류-후퇴 반응'이라고 하는데, 이는 에너지를 보호하려는 내적 동기에서 비롯된다. 만성 스트레스로 인한 우울감으로 고통스러울 때, 우리는 여러 가지 증상을 경험한다. 우선 수면의 질이 떨어지고, 생활에서 어떤 흥미나 쾌감도 느끼지 못한다. 무력감과 자괴감에 휩싸이고 늘 피곤하며 주의력이 결핍된다. 식욕이 없어지고 몸무게가 줄어들면서 쉽게 분노하거나 반응이 둔해지며, 종종 자살을 생각하기도 한다.

우리가 스트레스를 위협으로 보는가, 아니면 도전의 대상으로 보는가는 학습된 긍정 또는 학습된 무력감이라는 잠재 요인과 관련이 있다. 스트레스를 마주했을 때, 긍정적이고 목적이 분명하며 유의미한 용기를 낼 수 있다면 성공의 기회가 늘어나고 심신 회복력을 강화할 수 있다. 이때의 스트레스는 분명히 긍정적인 동력으로 작용하며, 우리 삶을 더 낫게 해준다. 스트레스가 너무 적거나 아예 없는 삶은 한없이 무료하고 무미건조하다. 그런 삶은 우리가 바라는 것이 아니다.

스트레스를 받을 때 억지로 마음을 추스르려 하면 상황은 더 나빠질 뿐이죠.
잠시 시간을 보내다 보면 비로소 다른 이야기가 귀에 들어오게 됩니다.
사물을 보다 명확하게 볼 수 있고, 현재에 충실하게 됩니다.
마음이 가라앉으면 시야가 넓어져 이전보다 훨씬 많은 것을 볼 수 있을 거예요.

- 스티브 잡스(애플 前 CEO) -

2장

하버드 의대 40년 연구 성과,
'SMART 프로그램'

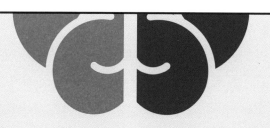

하버드 의대 매사추세츠 종합병원(MGH)의 '벤슨–헨리 심신의학 연구소(BHI)'는 정신과학(psychiatry)을 전문적으로 연구하면서 관련 의료 서비스를 제공한다.

1988년에 BHI를 설립한 허버트 벤슨(Herbert Benson) 교수는 세계 심신의학(mind body medicine) 분야를 이끌어온 인물로, 하버드 의대에서 박사학위를 받았다. 그가 처음 심신의학 분야를 개척하고 연구를 시작한 1960년대에는 지금과 달리 그것이 무엇인지조차 아는 사람이 드물었다. 젊은 심장내과의였던 벤슨은 동료들과 함께 스트레스가 혈압 변화에 미치는 영향을 연구하면서 정신과 육체의 연관성에 주목하게 되었다. 심리적 요소, 특히 스트레스가 육체의 건강에까지 영향을 미친다는 관점은 당시 의학계로부터 제대로 인정받지 못했지만, 벤슨은 연구를 포기하지 않았다.

벤슨과 함께 이 분야를 이끈 인물로 '마음챙김에 기반한 스트레스 완화(mindfulness-based stress reduction, MBSR)'를 창시한 존 카밧진(Jon Kabat-Zinn)이 있다. 그는 MIT 생물학 박사로 매사추세츠대학 의대 스트레스 클리닉 내에 MBSR센터를 설립했다. MBSR은 건선 치료에서 최초로 효능을 보였고, 이후 여러 피부질환이 스트레스와 관련 있으며 마음챙김으로 환자의 병세를 약화시킬 수 있다는 사실이 확인되었다.

사람은 스트레스를 감지하면 그에 상응하는 심리 및 생리 반응을 보이는데 이를 '투쟁-도피 반응(fight-or-flight response)'이라고 한다. 벤슨과 그의 동료들은 이와 정반대인 상태를 '이완반응(relaxation response, RR)'이라고 하며, 명상 등의 심신훈련으로 대사량, 호흡수, 심박동수, 뇌 활동이 줄어드는 이완반응 상태에 도달할 수 있다고 주장한다. 이런 내용을 담은 벤슨의 저서 《이완반응》은 출판되자마자 미국 전역에서 베스트셀러가 되었다.

벤슨과 동료들은 계속된 연구를 통해 이완반응을 일으키는 두 가지 기본 단계를 확정했다.

- 제1단계: 특정한 단어, 소리, 구절, 기도문, 이미지, 신체 활동을 반복한다.
- 제2단계: 그 과정에서 잡다한 생각이 떠오르면 한쪽으로 치워두고 반응하지 않으며 제1단계로 복귀한다.

이외에도 기도, 기공, 요가, 점진적 이완, 명상과 복식호흡 등을 반복 훈련함으로써 이완반응을 유도할 수 있음이 확인되었다. 이완훈련은 SMART 프로그램의 기초로, 합리적이고 효과적으로 수행한다면 스트레스로 인해 생기거나 가중되는 문제를 치유하는 데 분명히 도움이 된다.

MGH 정신건강의학과는 지난 21년간 전미 의료 분야별 평가에서 18차례나 1위를 차지했다. BHI는 벤슨의 지휘와 많은 연구자의 부단한 노력으로 현재 전 세계 정신과학자와 심신의학 연구자, 임상 의료인들의 메카로 자리 잡았다. 벤슨은 여든이 넘은 고령이지만 지금도 매일 BHI로 출근해 일정량의 진료를 어려움 없이 해내고 있다. 그의 심신 건강 상태는 SMART 프로그램의 가치와 효과를 보여주는 가장 확실한 증거다.

코로나 시대에 필수적인
스트레스 관리법

스트레스 관리 및 회복력 훈련 프로그램(stress management and resiliency training program), 즉 'SMART 프로그램'은 BHI가 40여 년에 걸친 임상 연구를 통해 내놓은 가장 효과적인 스트레스 대응법이다. 그 목적은 스트레스 대응력을 근본적으로 향상시키고 감정 관리를 통해 심신의 회복력을 길러 정신과 육체의 건강을 모두 지키는 데있다.

프로그램은 사람이 스트레스, 특히 만성 스트레스를 겪으면서 보이는 심리 및 생리 반응에 대한 다양한 조절 방식과 훈련법으로 구성되었다. 스트레스에 시달리는 사람이라면 이 프로그램을 통해 심신 회복력을 기르고 스트레스로 인한 심리 및 생리 반응이 신체 각 조직과기관에 일으키는 마모와 손상을 줄일 수 있다. 이에 관해 지금까지 총 100여 편의 논문이 발표되어 스트레스성 감정장애와 관련 질병에 대한 긍정적 효과를 입증했다. 2006년과 2015년에는 SMART 프로그램이 뇌 기능 구조와 유전자 발현 방면에 긍정적인 영향을 미친다는 연구 결과도 있었다.

SMART 프로그램은 전문가 교육과 셀프 훈련을 결합한 방식인데, 전문가 교육은 일대일 교육과 집단 교육이 모두 가능하다. 벤슨의 이완반응을 기초로 명상법, 사고와 행위의 상관관계, 긍정적인 감정의 힘, 이완훈련, 스트레스 감지 및 생활 속 건강 전략 등을 결합해 매우 독특하면서도 효과적으로 짜인 훈련 프로그램이라 할 수 있다. 장담컨대 스트레스 반응을 줄이고 심신 회복력을 강화해서 스스로 건강해지는 능력을 기르는 데 큰 도움이 된다. 무엇보다 각자에게 알맞은 스트레스 대응 기술과 방식을 알려주는, 즉 물고기가 아니라 물고기 잡는 법을 알려주는 방식이므로 더욱 유용할 것이다.

개인의 회복력은 다음 몇 가지 방면에서 확인할 수 있다.

- 스트레스 감지
- 이완반응 촉발
- 부정적 사고 감지
- 적응적 사고와 긍정적 예측 능력
- 행복을 느끼고 일상에 감사하는 능력
- 사회적 지지, 공감, 친근한 행위(자원봉사 등)를 통한 사회 연계성
- 건강한 수면, 건강한 음식, 건강한 운동 습관

현대인의 스트레스 관리법이라면 반드시 다음 네 가지 조건을 충족해야 한다. 첫째, 과학적이고 효과적일 것. 둘째, 시간과 장소에 구

애받지 않고 언제 어디서든 수행할 수 있을 것. 셋째, 시간을 따로 낼 필요 없이 일상에서 수행 가능할 것. 넷째, 안전하고 부작용이 없어 안심하고 수행할 수 있을 것. SMART 프로그램은 이 네 가지 조건을 완벽하게 충족하는 현대인의 필수 스트레스 관리법이다.

구글, 페이스북이 선택한
스트레스 관리 프로그램

1. 스트레스 관리를 위해 꼭 알아야 할 것들

1) 스트레스 반응

스트레스 반응은 인간의 본능으로, 인류의 진화와도 밀접한 관계가 있다. 1915년 하버드 생리학자 월터 캐넌(Walter Cannon)은 이 본능적인 반응을 '투쟁-도피 반응'이라고 명명하면서, 동물이 공포를 느낄 때 보이는 반응으로 설명했다. 실험쥐는 갑자기 출현한 위험 요소에 맞닥뜨리면 일종의 신경 흥분성 반응을 보이면서 '싸우거나 도망칠' 준비를 한다. 어느 쪽이든 모두 살기 위해서다.

사람의 투쟁-도피 반응도 마찬가지여서, 실제든 상상이든 잠재적 위험을 감지하는 순간, 즉각 생리 변화와 반응이 일어난다. 몸 안의 각종 자원이 새로 배분되고, 소화기관의 기능이 떨어지며, 혈액이 주요 근육으로 공급되어 위험에 대응할 준비를 한다. (준비의 결과는 투쟁일 수도 도피일 수도 있다.) 실제로도 일부를 확인할 수 있는데, 호흡이 가빠지고, 심장이 빠르게 뛰고, 손에 땀이 나고, 입술이 바짝 마르고, 몸이 떨린다. 이런 생리적 변화와 함께 긴장, 공포, 분노 같은 심리적 변화도 일어난다. 스트레스가 심하면 사고가 뒤죽박죽으로 엉키거나 일차원적인 생각만 들고, 인지가 모호해지기도 한다.

늦은 시간 낯선 도시에서 강도를 만났을 때, 상사 앞에서 중요한 발표를 해야 할 때, 배우자와 경제적인 문제로 심각하게 싸웠을 때…… 이런 상황에서 우리의 뇌는 상황을 평가하기 시작한다. 마지막으로 유사한 일을 겪은 게 언제였지? 지금 나는 이 문제를 해결할 수 있을까? 만약 상황이 안전하지 않고 위협적이라고 판단되면 정신과 육체가 모두 즉각 스트레스 반응 모드로 들어가서 각종 변화가 연이어 발생한다.

가장 먼저 신체의 에너지 수요가 만성에서 급성 상태로 전환된다. 근육이 특정 동작을 하려면 더 많은 에너지가 필요하고, 폐도 더 많은 산소를 필요로 하기 때문이다. 통증 민감도가 떨어지고 혈류장애가 생긴다. 카테콜아민 중 아드레날린이 대량 분비되는데, 이런 신경전달물질은 스트레스 반응을 일으켜 맥박을 빨리 뛰게 하고 더 많은 혈당과 산소를 근육과 폐, 뇌로 운반해서 각성을 유지하도록 한다. 혈관이 수축하고 피브리노겐이 혈액의 응고를 돕는다. 아드레날린은 글리코겐의 포도당 전환, 포도당 분해, 지방산 증가를 촉진해서 에너지를 보급하는데, 이 에너지는 스트레스 대응에 사용된다.

이어지는 두 번째 방어는 스트레스 호르몬 코르티솔을 대량 분비하는 것이다. 코르티솔은 에너지를 저장하고, 섭취한 음식물을 당원과 지방으로 전환해서 저장하는 작용을 한다.

일반적인 상황에서, 스트레스원이 제거되면 앞서 언급한 스트레스 반응도 자동적으로 사라지는 동시에 또 다른 본능인 이완반응이 우리가 자연 상태로 회복할 수 있도록 돕는다. 스트레스 반응은 보통 신체에 큰 영향을 미치지 않으며, 어떤 때는 오히려 잠재능력을 깨워 위협에 더 잘 대응하고 도전을 받아들이게 하기도 한다. 하지만 너무 강렬하거나 급성에서 만성으로 바뀌면 '도미노 효과'가 일어나 몸과 마음의 건강을 위협할 수 있다.

2) 이완반응

우리가 위험이나 위협을 감지하면 본능적으로 스트레스 반응이 일어나고, 그것이 사라졌다고 느끼면 체내의 휴식과 이완 시스템이 활성화된다. 이 이완반응은 스트레스 반응과 마찬가지로 인체의 본능적인 반응이다. 사실 정도의 차이는 있겠지만 대부분 이완반응 상태를 경험해보았을 것이다. 요가나 명상을 할 때, 시 한 편을 반복해서 외울 때, 음악이나 기도문을 들을 때 느껴지는 평온과 안정감이 일종의 이완반응 상태다.

현대인의 스트레스는 대체로 만성화되어, 한 차례 자극의 강도는 상대적으로 약해진 대신 오랫동안 계속되는 특징이 있다. 그 바람에 스트레스 반응이 사라지지 않고 계속 존재하면서 이완반응으로 돌아가지 못하고, 돌아가더라도 효과가 예전 같지 않은 경우가 많다.

이런 상황에서 우리가 인위적으로 이완반응을 유도하거나 훈련을 통해 이완반응의 효과를 키운다면 스트레스 대응력도 자연스럽게 향상될 것이다. 허버트 벤슨 연구팀은 이 가설을 완벽하게 증명했을 뿐

이완반응과 스트레스 반응

이완반응	스트레스 반응
심박동수 감소	심박동수 증가
혈압 강하	혈압 상승
혈중 젖산 수준 하락	콜레스테롤 수준 상승
면역계 효율 상승	면역계 효율 하락
행복감 증가	행복감 감소
수면 개선	수면장애
뇌파 느려짐	이노성* 증가
소화 기능 개선	소화 기능 약화

* 이자극성(irritability): 특별한 원인이 없거나 약간의 자극에도 불쾌감이나 분노를 느끼는 등 비정상적으로 반응하는 성질로, '불안정성'이라고도 한다.

아니라, 구체적인 훈련법을 개발했다. 이 이완훈련은 근육의 긴장을 완화하며 호흡과 심박동수를 안정시키고 혈압을 낮춘다. 우리의 몸과 마음을 쭉 늘어났다가 금세 원상태로 돌아오는 탄성(회복력) 좋은 용수철처럼 만드는 것이다.

이완훈련의 구체적인 적용은 각자의 상황에 따라 달라질 수 있다. 예를 들어 불면증 환자의 경우, 이완훈련 중 일부는 수면을 촉진하거나 수면의 질을 향상시킬 수 있으나, 일부는 큰 효과가 없거나 오히려 수면을 방해할 수도 있다. 따라서 각자의 상황에 맞춰 전문적인 지도를 받아 과학적으로 수행하는 것이 좋다.

3) 심신 회복력

몸과 마음의 건강은 일상을 유지하는 기초다. 심신이 건강한 사람은 살면서 마주하는 각종 외부 자극에도 자연스럽게 반응하고 잘 대처한다. 용수철마다 일정한 탄성 범위가 있듯, 우리의 심신 건강도 나빠졌다가 다시 회복하는 힘, 즉 회복력의 범위가 있는데 이 범위를 넘어서면 각종 심리 및 생리 질환이 발생할 수 있다.

우리가 스트레스에 대응하는 가장 좋은 방법은 바로 이 회복력을 키우는 것이라고 할 수 있다. 알다시피 사람마다 면역력 수준이 달라서 같은 환경이라도 감기에 걸릴 확률이 다르다. 면역력은 그 사람의 신체 회복력을 가장 잘 보여주는 지표다. 심리 회복력도 마찬가지다. 똑같은 스트레스 자극이라도 어떤 사람은 아무렇지 않게 넘겨 전혀 문제가 되지 않지만, 어떤 사람에게는 심각한 문제가 된다. 심리 회복력이 큰 사람일수록 스트레스 대응력이 강하며 스트레스성 질환이 발생할 가능성도 낮다. 이런 의미에서 심신 회복력은 결국 개인의 몸과 마음이 외부의 각종 자극에 적응하는 능력이라고 말할 수 있다. 우리는 훈련을 통해 심신의 회복력을 강화함으로써 질병을 예방 및 치료하고 건강 수준을 향상해 생활의 질을 개선할 수 있다.

여기에서 유학 시절 나의 지도교수였고, 지금은 좋은 동료이자 친구인 존 데닝어(John Denninger)의 이야기를 하지 않을 수 없다. 2015년 세계중의약학회연합회 심리전문위원회가 베이징에서 열리는 국제 학술세미나에 나를 통해서 존을 초청했다. 그는 내가 중국 비자 문제까지 처리했을 거라고 생각했으나 실제로는 그렇지 못했고, 미국에서 출국하는 날 공항에 도착해서야 비자가 없는 것을 알았다. 중국에서 이 돌발 상황을 전해들은 나는 머릿속이 완전히 하얘졌다. 개막식에서 중요한 주제 강연을 할 예정인 존이 참석하지 못하면 세미나는 시작부터 꼬여서 엉망이 될 게 뻔했다.

설상가상으로 다음 날은 주말이어서 보스턴과 뉴욕에 있는 중국

총영사관이 업무를 하지 않았다. 그렇다고 월요일까지 기다릴 수는 없는 노릇이었다. 일단 영사관 앞까지 간 존은 잠시 쉬러 들어간 카페에서 신문을 보다가 눈이 번쩍 뜨이는 광고를 발견했다. 중국 비자를 신속하게 처리해준다는 업체 광고였는데, 그러려면 여권을 LA로 보내야 했다. 이후의 일들은 물론 시간이 무척 빠듯하기는 했지만, 다행히 예상대로 진행되었다.

이 이야기를 들은 사람들은 모두 깜짝 놀랐다. 보스턴에서 베이징까지 비행 시간만 14시간이니, 비자가 없는 걸 알았을 때 포기하는 쪽이 자연스럽다. 그러나 존은 시종 낙관적인 태도로 차근차근 문제를 해결했다. 스트레스에 대해 강한 회복력을 가지고 있는 사람이 어떻게 행동하는지를 잘 보여주는 이 에피소드는 지금까지도 BHI에서 열리는 각종 SMART 프로그램 집단치료에서 단골로 언급되고 있다.

과거에 과학자들은 천성과 양육 중 어느 쪽이 건강에 더 중요하게 작용하는지, 유전과 환경 중 무엇이 더 중요한지를 두고 논쟁했다. 이후 유전자의 비밀이 하나씩 풀리면서 논쟁은 점차 줄어들었다. 연구에 따르면, 심신 회복력은 유전자와 환경의 영향을 모두 받는다. 심신 회복력과 그 향상법에 대한 연구는 스트레스 완화에 관련된 내용으로, 보통 심신의학과 통합의학의 범주에 들어간다. 그것은 스트레스 요소로 가득한 이 세상에서 어떻게든 최대한 건강을 유지하려는 사람들에게 가장 유용하고 효과적인 지식과 정보, 누구나 사용할 수 있는 간단하고 간편한 스트레스 대응법을 제공한다.

4) 신항상성과 신항상성 부하

'건강'이란 무엇일까? 이 질문에 대해 대부분의 사람들은 '특별한 질병이 없는 신체 상태와 안정적인 심리 상태' 혹은 '정신과 육체가 모두 양호한 상태'라고 대답할 것이다. 이처럼 사람들에게 익숙한 건 강의 정의는 대부분 항상성에 기초하고 있다. 항상성(homeostasis)이 란 우리 몸이 여러 가지 환경 변화에도 일정한 상태를 유지하는 성질 을 가리키며, 체온·혈압·혈당 등이 모두 항상성에 의해 조절된다. 이 항상성의 측면에서 건강을 정의하면, '각종 신체 지표가 모두 정상 범 위 내에 있는 상태'를 가리킨다. 그러나 건강 유지는 정상 범위 내의 신체 지표뿐 아니라 인체(정신+육체)가 외부 자극이나 환경 변화에 반 응하는 능력으로도 표현되어야 한다.

건강 유지를 일종의 능력으로 본다면, 우리는 이것을 측정 또는 평 가할 수 있을까? 과학자들은 긍정적인 답변을 내놓고 있다. 우선 '신 항상성'의 개념을 이해해야 한다. 신항상성(allostasis)이란 체내 각 기 관과 조직이 외부 자극이나 환경 변화에 적응하기 위해 매개변수를 바꿔서 생리적 안정을 유지하는 성질이다. 이 신항상성에 기초하면, 건강이란 인체가 환경 변화에 적응해서 내놓는 반응과 이에 따라 출 현하는 파동을 가리키며, 이 파동은 뛰어난 질병 예측성을 보여준다. 이때의 건강은 그동안 항상성에 기초했던 정의와 달리 상태가 아니라 능력을 강조하고, 뇌의 조절 작용에 더 많이 주목한다. 이렇게 평가된 건강은 개체가 지금의 건강 상태를 앞으로도 유지할 능력이 있는가를 보여준다.

개체가 외부 자극에 대응하는 과정에서 적응반응을 반복적으로 활 성화한 탓에 신체가 마모 또는 손상되기도 하는데, 이를 '신항상성 부 하'라고 한다. 사실 스트레스 반응이 건강을 크게 해치거나 조직과 기 관을 직접 상하게 하는 일은 거의 없다. 문제는 스트레스 반응이 활성화되면 생리 조절을 통해 이전의 상태로 복귀해야 하는데, 스트레스 만성화로 인해 좀처럼 회복하지 못하는 경우다. 스트레스 반응이 사라지지 않고 계속되니 체내 여러 시스템의 기능이 저하될 수밖에 없다. 그러면 전반적인 건강 상태가 나빠져 질병이 발생할 확률이 높아진다.

우리는 '신항상성 부하 지수(allostatic load index)'로 누적 스트레스로 인한 신체 손상을 상당히 구체적으로 측정하고, 나아가 건강 상태까지 평가할 수 있다. 이는 스트레스 호르몬, 도파민 등의 신경 내분비 표지, 면역 표지, 혈당, 혈압, 복부 지방률 등의 생화확 지표들로 구성된다.

정상적인 신항상성 반응은 스트레스 대응 과정에서 발생했다가 적당한 시간이 지나면 끝나지만, 아래와 같은 원인들로 인해 신항상성 부하가 일어난다.

- 반복 자극: 하나의 스트레스원이 반복되거나 여러 개의 스트레스원이 자극할 때, 스트레스 반응이 쉼 없이 지속된다.
- 적응 부족: 특정 스트레스 자극에 익숙해지거나 적응하지 못해, 스트레스원이 발생할 때마다 매번 유사한 스트레스 반응을 일으킨다.
- 반응 지속: 스트레스원으로부터 분리되었는데도 스트레스 반응이 끝나지 않거나 늦게 끝난다.
- 반응 불충분: 스트레스 반응이 충분하지 않아 이를 보상하기 위해서 신체의 다른 계통이 과도하게 활성화된다.

현재 과학자들은 스트레스를 인체가 안전과 항상성에 위협이 존재함을 감지한 결과라고 본다. 똑같은 스트레스원이라고 해도 반응은 각양각색인데, 그 변수는 항상성에 대한 도전의 성질, 스트레스원에 대한 평가와 대응 태도다. 신항상성은 환경의 변화에 따라 인체의 생리, 호르몬 수준의 변화를 유도해 우리가 안전하고 효과적인 방식으로 스트레스에 대응하도록 함으로써 너무 오래 정상 상태에서 벗어나지 않도록 한다.

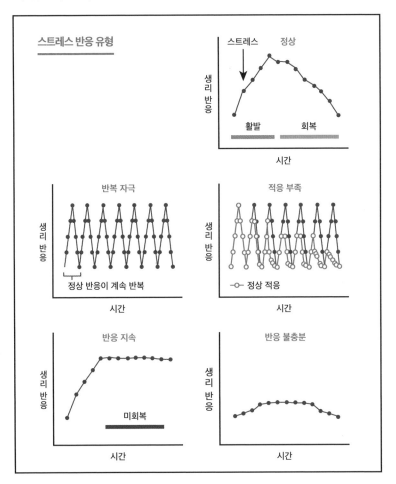

심박변이도(heart rate variability, HRV)를 예로 들어보자. 심장의 건강을 평가하는 기준은 심박과 심박 사이의 시간 간격, 즉 심박 주기다. HRV 검사를 해보면 건강한 사람은 심박변이가 복잡하고 불규칙하며 다양한 모양으로 나타난다. 이는 각종 환경 변화에 민감하게 반응해 빠르게 생리적 균형 상태에 이를 수 있다는 의미다. 만약 심장이 환경 변화에 맞춰 수축 빈도를 기민하게 바꾸지 못한다면 동태 안정성 기능에 생리적 결함이 있음을 의미한다.

신항상성 조절의 전체 과정은 뇌가 주도하는데, 여기에는 많은 에너지가 필요해서, 스트레스가 끊임없이 반복되어 에너지를 계속 소모해야 한다면 대사 이상이 발생할 수밖에 없다. 그러니까 신항상성 부하는 신체가 유해한 스트레스에 억지로 적응한 대가라고 할 수 있다.

일반적으로 신항상성 스트레스 반응 유형은 다음 세 가지다.

- 신항상성 실현으로 심신 회복력 강화: 스트레스원과 스트레스 반응이 신체와 잘 호응해서 항상성 상태로 돌아간다.
- 신항상성 부하로 관련 질병 발생: 과도한 흥분과 지속적인 반응 탓에 신체가 위험한 상태로 진입한다.
- 성장과 대응력 강화: 스트레스원과 스트레스 반응이 함께 가장 좋은 결과를 만들어낸다. 스트레스의 위협이 크지만, 자신의 내부 역량을 발굴해 더 현명하게 대응할 수 있다.

초기 스트레스 자극이 너무 강하거나 지속 시간이 길면 스트레스 반응도 과잉되어 멈추기 어렵고 신체의 각성 수준을 높여 위험할 수 있다. 이런 상태라면 자신의 사고, 타인과의 상호 활동, 주변 환경에까지 모두 스트레스 반응이 나타난다. 다시 말해 자극의 문턱이 낮아지는 것이다. 다른 사람은 특별한 반응이 없는 스트레스 자극에 혼자만 과도하게 반응하는 식이다. 이런 과잉 반응은 두통이나 소화불량 등의 신체 불편감, 또는 걸핏하면 화를 내거나 싸우려고 드는 등의 심리 이상으로 나타난다.

캐나다 내분비학자 한스 셀리에는 스트레스 반응을 다음 세 단계로 설명했다.

- 경고 단계: 급성 스트레스 반응이 활성화된다.
- 저항 단계: 신체가 이전의 안정 상태(항상성)를 회복했으나 여전히 위협을 느껴 스트레스 반응이 계속된다.
- 소모 단계: 스트레스가 너무 길게 지속돼 신체의 정상적인 작동이 어렵고, 여러 조직과 기관의 기능이 쇠퇴한다.

과거에는 인체가 항상성을 유지해야만 한다고 생각했지만, 최근 학계에서는 신항상성 개념이 주를 이루고 있다. 이 새로운 접근은 사람마다 실질적인 차이, 즉 유전자, 사회경제적 상황(교육, 일, 수입 등), 행위 요소(음식, 흡연, 운동 등), 사회심리 요소(사회적 지원, 스트레스 등)에 차이가 존재한다는 인식에서 시작되었다. 이 네 가지는 공동으로 신항상성 부하에 영향을 미칠 수 있으며, 특히 유전자와 사회경제적 상황은 행위 요소와 사회심리 요소에 작용함으로써 신항상성 부하에 영향을 준다. 이는 곧 건강 능력이 선천적 요소(유전자)와 함께 후천적 요소(행위 등)의 영향을 받으며, 역으로 스트레스를 관리하는 후천적 훈련을 통해 건강을 유지하는 능력을 향상할 수 있다는 의미다.

2. 스트레스 해소의 4가지 열쇠

그동안 스트레스를 관리하고 경감하는 연구는 대부분 심리학과 사회학 분야에서 수행되었다. 보통 스트레스를 심리학의 범주로 생각하므로 이상한 일은 아니다. 심리 전문가들은 대개 따뜻한 말로 공감하고 깨우치는 방식을 채택하고 있는데, 대개 어느 정도 효과가 있다. 하지만 안타깝게도 만족도는 그리 높지 않다. 무슨 말인지는 알겠으나 실천하기가 어렵기 때문이다.

단언컨대, 스트레스는 심리학만으로 해결할 수 있는 문제가 아니다. 실제로 현재 학계에서 주목받는 스트레스 관리법은 모두 의학과 연관이 깊다. 옥스퍼드대학 마크 윌리엄스(Mark Williams) 교수 연구팀이 공동 개발한 '마음챙김 기반 인지치료(mindfulness-based cognitive therapy, MBCT)'는 MBSR을 기초로 탄생했고, MBSR을 창시한 카밧진 교수는 분자생물학 박사다. SMART 프로그램을 만든 허버트 벤슨은 원래 하버드 의대의 심장내과의였다. 이 프로그램들은 모두 여러 가지 심신요법을 도입했으며, 네 가지 중요한 요소 즉 정서, 인지, 행위, 생리 반응을 결합했다. SMART 프로그램 역시 이 4요소를 모두 해결해야 스트레스 문제가 완전히 해결된다고 본다. 우리가 스트레스 자극을 받으면 하나 혹은 그 이상의 요소에서 주요 반응이 두드러지는데, 이는 사람마다 다르다. 스트레스 관리 프로그램 또한 '맞춤형'이 필요한 이유다.

1) 정서
스트레스 상황에 놓인 사람은 불안, 초조, 우울, 공포, 짜증 등 여러

뇌의 공포 반응

- - -▶ 노르에피네프린
──▶ 글루탐산염

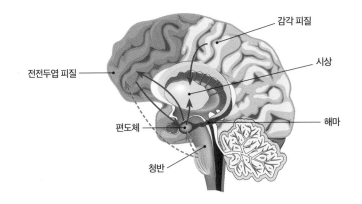

감각 피질

시상

전전두엽 피질

해마

편도체

청반

종류의 부정적인 감정에 휩싸인다. 인간의 4대 기본 감정(공포, 슬픔, 행복, 분노) 중 하나인 공포는 매우 강렬한 정서로 스트레스 반응을 빠르게 활성화한다. 이 과정에 두 가지 주요 신경전달물질이 관여하는데, 바로 노르에피네프린과 글루탐산염이다. 이 두 물질은 뇌의 주요 영역인 전전두엽 피질, 감각 피질, 시상, 청반(locus coeruleus), 편도체, 해마의 활동을 증가시킨다.

또 다른 스트레스성 정서로 '사회 애착'이 있다. 포유류인 인간은 사회의 양육과 지지에 의존해 생존하므로, 분리 위협이 상당히 주요한 스트레스원으로 작용한다. 분리 위협에 맞닥뜨린 아기들이 본능적으로 울음을 터트리는 것도 스트레스 때문이다. 심하면 간질발작, 피지선종, 지적장애를 보이기도 한다.

우리 뇌에서 사회 애착을 보호하고 조절하는 주요 영역은 전대상 피질로, 어떤 상황에서 피할 것인지 아니면 다른 사람 또는 사물에 의존할 것인지에 대한 결정을 돕는다. 전대상 피질이 만드는 부정적인 감정은 분리 위협이나 애착 상실을 느꼈다는 신호이며, 긍정적인 감정은 안전한 사회 애착을 의미한다. 우리가 상당히 위협적인 분리 위험에 직면했을 때, 편도체는 그것을 감지하고 우리에게 즉각 경고를 보낸다. 애착에 기초한 안전한 상태에서는 내측 전전두엽 피질이 보상으로 평정 상태를 만든다.

2) 인지

스트레스 상황에서 우리의 최종 대응은 결국 스트레스원에 접근할 것인가, 도망칠 것인가를 결정하는 것이다. 뇌는 더 효과적인 결정을 내리기 위해 하나의 독립된 특수 기관으로 변신하고, 고통에 대한 감각과 기억이 결정을 만든다.

스트레스원을 마주한 순간, 우리의 인지 반응은 두 가지로 나뉜다. 하나는 과거에 경험한 고통을 부정적으로 기억하거나 앞으로 겪을 고통을 부정적으로 예측하는 것이고, 다른 하나는 과거에 긍정적인 결과를 얻었던 경험을 떠올려 앞으로 경험할 고통을 낙관적으로 평가하는 것이다. 전자의 경우 스트레스원을 위협으로 보고 도피를 선택하겠지만, 후자라면 스트레스원을 일종의 도전으로 여겨 기꺼이 극복하고자 한다. 문제는 전자의 반응이 오랫동안 계속되면 부정적 사고가 습관이 된다는 점이다. 부정적이고 비관적인 사고가 습관으로 자리 잡은 사람은 스트레스 사건이 발생하면 그것을 똑바로 판단하지 못하고 진실을 왜곡한다. 이런 사람이 보는 세상은 불행과 재난으로 가득해서 다른 가능성이라고는 존재하지 않는다. 이들은 그렇게 스스로를 실패로 몰아간다.

부정적 사고에는 반드시 불안, 걱정, 우울, 분노 등 부정적인 감정이 동반된다. 다행히 습관성 부정적 사고는 인지행동치료(cognitive behavioral therapy, CBT)로 바꿀 수 있는데, 여기에 심신훈련을 더하면 효과가 커진다.

CBT는 사고를 인지오류(cognitive error), 즉 '경험이나 사실을 해석하고 받아들이는 과정에서 추론이나 판단의 오류'가 존재하는지 여부로 구분한다. 만약 인지오류가 존재한다면 8~12주에 걸친 훈련을 통해 새로운 인지 및 행동 반응을 연습함으로써, 비관적·부정적 사고 습관을 낙관적·긍정적으로 바꿔서 현실에 더 적절하게 대처할 수 있다. SMART 프로그램은 이 CBT의 일부 내용을 도입했으며, SMART-C 프로그램에서는 여섯 개 모듈 중 하나에 적용했다.

스트레스 상태에서 기억 변화는 해마와 밀접한 관계가 있다. 편도체가 스트레스원의 위협을 감지하면 해마에 있는 기억센터가 활성화하면서 특정 기억 회로가 강화되어 어떤 기억을 지속하게 만든다. 하지만 급·만성 스트레스 상태에서는 해마가 과도하게 흥분해서 손상되고, 기억 기능이 장애를 일으킨다. 코르티솔 같은 스트레스 호르몬도 기억 기능에 광범위하게 영향을 미친다. 코르티솔은 기억 공고성 (새로운 기억이 기억 회로를 통해 안정되는 성질)을 증가시키지만, 기억 탐색 기능을 손상시킬 수도 있다.

3) 행위

스트레스 환경에서 흡연, 폭음, 폭식 같은 행위로 즉각적인 통쾌함을 얻을 수도 있지만, 장시간 계속되면 건강에 좋을 리 없다. 일반적으로 특정 행위가 출현한 배경에는 반드시 특정한 인지가 있다고 생각하지만, 실제로는 늘 그렇다고 말할 수 없다. 특히 습관으로 굳어진 행위라면 더욱 그렇다. 걸핏하면 불같이 화를 내고 타인을 공격하는 사람이 주먹을 날리는 등의 폭력적인 행위를 하는 순간, 그의 머릿속에는 아무 생각도 없다. 어떤 인지나 사고가 영향을 미쳐 그 행위를 이끄는 것이 아니라, 오랫동안 굳어진 습관일 뿐이다. 이런 사람은 CBT로 인지오류를 찾아내기가 쉽지 않으므로, 반드시 심신훈련을 해야 한다. 심신훈련은 특히 급성 스트레스 대응에 효과가 크다.

4) 생리 반응

스트레스 상황에서 출현하는 생리 반응으로는 스트레스 반응과 이완반응이 있다. 스트레스 관리의 제1원칙은 '최대한 이완반응 상태를 유지할 것'이고, 우리는 이완훈련으로 이를 실현할 수 있다. 대부분의 심신요법이나 심신훈련이 이완훈련이라 할 수 있지만, 구체적인 방식은 각각 다르니 주의해야 한다.

3. 이완훈련, 스트레스 해결의 첫 걸음

SMART 프로그램의 핵심이자 가장 큰 특징으로, 기초와 정규 훈련, 그리고 일상생활에서 간편하게 수행할 수 있는 미니 훈련으로 구성되었다.

1) 기초 훈련

호흡훈련을 가리키며, 여기에는 세 가지 이유가 있다. 첫째, 호흡은 가장 간단하고 쉬우며 언제 어디서나 할 수 있다. 둘째, 감정의 중추인 편도체에 직접 작용해서 부정적인 감정을 빠르게 가라앉히는 효과가 있다. 셋째, 다른 이완훈련과 같이 수행해서 완성도를 높이거나, 먼저 호흡훈련으로 이완반응 상태에 들어간 후 다른 훈련을 더 할 수 있다. SMART 프로그램에서 주로 사용하는 호흡훈련으로는 호흡자각과 복식호흡이 있다.

2) 정규 훈련

몸 살피기 훈련(보디스캔, 이완 유도, 점진적 이완), 명상 훈련(긍정적 감정, 부정적 감정), 현장 훈련(소리, 생각, 동작), 행복 충만 훈련, 상상 훈련, 명상운동(요가, 기공) 등이 있다.

3) 미니 훈련

실제로 스트레스원에 맞닥뜨려 긴장했을 때 즉각 대응해 스트레스를 빠르게 제거하는 훈련이다. 수행 시간이 짧고, 내용이 복잡하지 않으며, 장소에 구애받지 않는다는 장점이 있다. 5~10분만 할애하면 심신 상태를 개선하고 삶의 질을 향상하는 등 적지 않은 효과를 얻을 수 있다. 메모지에 구체적인 내용을 적어 컴퓨터나 냉장고에 붙여놓고 꾸준히 수행해 생활 습관으로 삼으면 좋다.

운전 중 길이 막혀 꼼짝하지 못할 때, 마트 계산대 앞 길게 늘어선 줄에서 차례를 기다릴 때, 수업 시작 전 자투리 시간이 남았을 때, 누군가의 전화를 기다릴 때, 병원이나 은행에서 차례를 기다릴 때, 신호등이 바뀌기를 기다릴 때…… 일상생활 속에서 미니 이완훈련을 수행할 기회는 얼마든지 있다. 자신에게 주어진 시간을 충분히 활용하기 바란다!

4) 이완훈련 환경

* 때: 언제든 가능하지만 되도록 아침식사 전이나 오전에 하는 것이 좋다. 배가 고플 때나 식사 직후는 피하자. 언제든지 자기만의 규칙적인 훈련 루틴을 만드는 것이 중요하다.
* 장소: 안전하다는 느낌이 들고 조용한 곳이 좋다.
* 시간: 매일 1~2회, 회당 20~30분이 가장 좋다. 처음 5분 훈련을 하고, 10분 훈련을 더해서 전체 훈련 한 세트를 완성하는 방식을 추천한다. 사실은 얼마나 오랫동안 훈련하는가가 아니라, 훈련을 매일의 습관으로 만들 수 있는가가 훨씬 중요하다. 자신에게 알맞은 한두 종류의 훈련법을 선택해서 규칙적으로 수행해야 한다.

5) 이완반응 상태를 판단하는 법

이완반응 상태에 들어서면 우선 온몸의 긴장이 풀려 근육이 충분히 이완된다. 호흡이 깊고 느려지며 심장박동이 안정적으로 유지되고, 몸이 땅에 깊이 뿌리내린 듯한 기분이 든다. 훈련 시간이 길어지면 침이 많이 분비되는 사람도 있다.

6) 초보자가 자주 하는 질문

* 집중을 잘하는 방법이 있을까요?: 처음 시작할 때는 자신의 호흡에 집중한다. 이후 하나의 단어나 문장에 집중하는 연습을 반복하면 주의력 분산을 막는 데 도움이 된다. 훈련 중에 주의력이 분산되거나 다른 생각이 들더라도 다시 돌아와 훈련에 집중하면 아무 문제 없다.
* 잡생각이 끊이지 않고 불안하며 짜증이 납니다. 사라지지 않는

부정적인 감정을 어떻게 처리해야 할까요?: 훈련 중에 이런저런 걱정거리가 머릿속을 맴돌고 불안이나 짜증 같은 부정적인 감정이 들어도, 너무 걱정하지 말고 그에 따른 신체 감각까지 모두 받아들여보자. 잡생각과 부정적인 감정을 평가하지 말고 그 자체에 집중하는 것이다. 당신이 이미 변화의 필요성을 깨닫고 변화하고자 한다는 의미이므로 매우 좋은 시작일 수 있다. 호흡이나 신체의 어느 한 부분에 집중하면서 생각을 하나로 모아보라. 편안한 기분이 드는 물건을 손에 쥐거나 풍경을 떠올리는 방법도 있다. 그래도 여의치 않으면 잠시 훈련을 멈추고 기분이 좋아지는 일을 하자.

- **잘못된 방식으로 훈련하는 거면 어떻게 하죠?**: 머릿속에 이런 의심이 들고 평가하기 시작했음을 알아차린 순간, 이미 더 잘하는 방법이 있을지 혹은 뭘 더 하는 게 좋을지 생각하기 시작했을 것이다. 모든 훈련 과정은 자연스럽게 진행되어야 한다. 사실 너무 이완된 나머지 자기도 모르게 스르르 잠이 들어도 자연스러운 반응이니 크게 걱정할 필요 없다. 이완훈련 중에 그래도 괜찮으냐고 묻는 사람이 많은데, 수면 개선을 원한다면 이보다 더 좋을 수 없는 결과이지 않은가? 그래도 훈련 중에 잠들고 싶지 않다면, 예컨대 리듬에 맞춰 허벅지를 두드리는 등의 방법으로 깨어 있는 상태를 유지하자.

SMART 프로그램의 효과 및 과학적 증거

심신의학은 심신요법의 효과를 과학적으로 연구하는 학문이다. 최근 몇 년 동안 이 분야에서 많은 학술 논문이 발표되었으며 점점 더 증가하는 추세다. 이런 변화는 심신의학과 심신요법에 대한 현대인들의 관심과 주목을 증명한다.

허버트 벤슨의 연구팀은 1996년 이완훈련을 처음 접한 사람들의 뇌파검사를 통해 이완훈련이 중추신경계에 미치는 영향을 평가한 논문을 발표했다. 연구 결과, 이들은 이완훈련을 수행한 후에 전전두엽 피질의 베타(β)파가 현저히 줄어들었다. 베타파는 사람이 긴장하고 불안할 때 주로 나타난다.

하버드 의대의 신경과학자 사라 라자(Sara Lazar) 연구팀은 2000년에 발표한 논문에서, 기능적 자기공명영상(fMRI) 촬영으로 명상이 이완반응을 유도하는 효과가 있음을 확인했다고 밝혔다. 그들은 명상하는 사람의 뇌에서 편도체와 해마의 신호가 눈에 띄게 증가하는 현상을 발견했다. 뇌의 감정중추인 편도체와 기억 기능을 담당하는 해마는 모두 스트레스 반응 발생과 조절에 관여하는 매우 중요한 뇌 영역이다. 이 연구 결과는 가장 일반적인 심신훈련법인 명상이 스트레스를 조절한다는 이론의 과학적 증거라고 할 수 있다.

라자 연구팀은 2005년에 다시 명상이 뇌 피질의 두께에 미치는 영향에 관한 연구 논문을 발표했다. 명상 수련자들의 뇌 피질 두께를 MRI로 측정해서 주의력, 감각 등과 관련된 뇌 영역의 피질 두께가 명상을 전혀 해본 적 없는 사람에 비해 훨씬 두꺼운 사실을 확인했다. 이는 우리 뇌에서 '총사령관' 역할을 하는 전전두엽 피질, 우울증과 연관된 오른쪽 앞뇌섬엽(anterior insula, AI)도 마찬가지였다. 장기간 명상수련을 한 사람들의 전전두엽 피질 두께가 그렇지 않은 사람에 비해 두껍다는 것은, 나이가 들면서 피질이 얇아지는 현상을 명상이 완화한다는 의미이기도 하다. 즉, 명상수련은 뇌의 노화를 늦추는 효과가 있는 것이다.

BHI의 존 데닝어 연구팀은 2015년과 2017년에 각각 심신요법이 과민성 대장증후군(IBS)과 염증성 장질환(IBD) 환자의 유전자 발현에 미치는 영향에 관한 논문을 발표했다. IBS는 무척 흔한 장 기능성 질환으로 발병률이 5~25퍼센트에 이른다. 장의 생리 기능이 망가지면서 복통, 설사, 변비 등의 증상을 보이며, 특히 긴장, 불안, 공포, 스트레스 상황에서 쉽게 발생하는데 실제로는 장에 특별한 염증이 없는 경우가 많다.

데닝어 연구팀은 심신요법이 IBS와 IBD 환자의 질병민감성 및 치유와 관련 있는 유전자 발현을 바꾸는 것을 발견했다. 심신요법이 이

질환들의 유병률을 낮추고, 치료 작용을 촉진한다는 의미다.

　이처럼 심신요법이 스트레스 관리 방면에 일으키는 긍정적 효과를 입증하는 연구 결과가 점점 더 많이 발표되고 있다. 이런 학문적 근거는 더 많은 사람들이 심신요법을 믿고 시도할 수 있는 토대가 되었다. 또한 이를 통해 심신요법 전문가들이 임상 치료에 더 다양한 방식을 적용하게 되고, 그럼으로써 각 개인에게 더 알맞은 맞춤형 심신요법을 적용할 수 있는 길이 열리고 있다.

스트레스 관리를 위한

SMART

프로그램

우리가 늘 스트레스를 받는 이유는 이 순간 무언가가 되어야 한다고 집착하기 때문이에요.
당신은 그저 잠시 멈추고 이 순간을 그대로 받아들이면 돼요.
깊게 숨을 들이마시며 한 걸음 물러나보세요.
무언가 돼야만 한다는 불안과 압력이 사라질 거예요.
한 번에 하나씩이면 충분해요.

- 오프라 윈프리(방송인) -

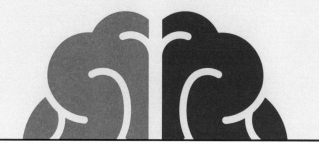

1장

현재 나의 스트레스 지수는?

- 스트레스 발견하기 -

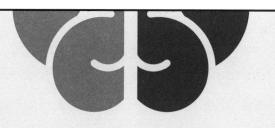

지금부터 소개하는 해바라기들의 이야기는 모두 실제 치료 사례다. '해바라기'는 지금 내가 환자들을 부르는 애칭이지만, 처음에는 환자가 나에게 준 말이었다. 예전에 매주 한 번씩 상담하러 오는 젊은 여성 환자가 있었다. 기간은 반년 정도였지만, 중간에 각자 일정 때문에 몇 번 빠져서 모두 열아홉 차례 만난 걸로 기억한다. 그녀는 부모에게서 벗어나기 위해 결혼을 선택했다고 말했다. 어렸을 때부터 각종 학대에 시달려서 결혼을 도피 수단으로 삼았지만, 삶은 나아지기는커녕 더 엉망이 된 것 같다고 했다. 그녀는 오래전부터 아무도 모르게 자해를 계속해왔고, 더 어릴 적에는 동물들을 학대했다고 털어놓았다. 상담할 때마다 펑펑 울던 그녀는 내게 물었다.

"더 잘 살고 싶어서 온 힘을 다해 노력하는데 왜 조금도 나아지지 않는 걸까요?"

마지막 열아홉 번째 상담에 새로 머리를 자르고 세련된 갈색으로 염색하고서 나타난 그녀는 얼마 전 친구에게 들은 이야기를 전했다.

"너 정말 이제는 화가 없어졌구나! 옛날 같았으면 벌써 불같이 화를 냈을 텐데……."

사실 그녀는 그 며칠 전에 난생처음으로 아버지와 새벽까지 속 깊은 이야기를 나눴다. 두려워서 피하기만 했던 일인데, 이야기를 하고 나니 가족이 모두 함께 밝은 빛을 향해 걸어가는 느낌이 들었다. 그저 대화를 나눴을 뿐인데도 세상이 달리 보이기까지 했다.

그녀는 친구들을 어울리는 꽃 이름으로 부르곤 한다면서, 나를 '해바라기'라 부르고 싶다고 했다. 그 순간, 우리는 붉어진 눈으로 서로를 바라보며 웃었다.

◇◇◇◇◇◇◇◇ 해바라기 이야기 <01> ◇◇◇◇◇◇◇◇

50대 남성 A는 직장에서 100명 이상의 직원을 관리하는 부서의 책임자로 능력을 인정받고 있다. 하지만 그는 10년 넘게 우울증과 불안장애에 시달리며 항우울제를 복용해왔다. 2017년 초, 친구의 소개로 나를 찾아온 그는 비염이 심해 냄새를 맡지 못한다고 말했다. 집에서 실수로 향수 한 병을 쏟았는데도 전혀 냄새를 느끼지 못할 정도로 심했다. A는 나의 조언대로, 매일 아침과 저녁 한 차례씩 규칙적으로 심신훈련을 수행했다.

두 달 정도 지났을 때, A는 상담 중에 지나가는 말로 회사 근처 공원에 매화가 가득 피었다고 말했다. 매일 점심시간에 공원 호숫가를 한 바퀴 도는데, 바람을 타고 온 꽃향기 때문에 기분이 아주 좋다는 것이었다. 나는 호기심에 다음 날 그 공원에 매화를 보러 갔다가 깜짝 놀랐다. 매화가 피었지만 많지도 않았고, 무엇보다 호숫가 산책로와는 동산 하나를 사이에 두고 꽤 멀리 떨어져 있어서, 호숫가를 걸으며 매화 향기를 맡기란 웬만한 후각이 아니고는 어려운 일이었다. A는 자신의 후각이 예전보다 훨씬 예민해졌다는 사실을 전혀 알아차리지 못하고 있었다.

∞∞∞∞∞∞∞ **해바라기 이야기 <02>** ∞∞∞∞∞∞∞

젊은 여성 B는 일과 생활에서 모두 스트레스를 느끼고 있었다. 치료를 시작한 지 얼마 되지 않은 그녀는 여행을 좋아해서 상담 일정을 자주 바꾸고, 집단 상담에도 제대로 참석하지 않았다.

어느 날, 그녀가 몹시 흥분해서 오는 길에 본 풍경을 이야기했다.

"길가에 핀 작은 꽃들이 정말 예뻤어요! 예전에는 그런 작은 것들은 신경도 쓰지 않았는데, 이제는 하나하나 눈에 들어오고 예뻐 보이더라고요!"

상담과 치료가 규칙적으로 이루어지지 않았지만, B는 평소에도 스트레스를 받는 것 같으면 바로 내가 가르쳐준 이완훈련을 했다. 주로 호흡 살피기와 보디스캔을 했는데, 그것만으로도 변화가 뚜렷했다.

우울증이 있는 사람은 동작과 반응이 느리고 무기력하며 나태해진다. 그들의 표현을 빌리자면, 마치 '뚜껑 닫힌 병'에 들어 있는 것처럼 모든 감각이 둔해지고 세상이 뿌옇게 보인다. 사방에 먹구름이 자욱해서 온갖 부정적이고 비관적인 정보만 들어올 뿐, 지척에 있는 아름다움은 눈에 보이지도 않는다. '심신 살피기'는 우리의 후각, 시각, 청각 등 모든 감각을 일깨운다. 그렇게 세상이 오색찬란하고 새소리와 꽃향기로 가득해지면 자연스럽게 우울감에서 멀어질 수밖에 없다. 삶이 아름답지 않은 것이 아니라, 아름다움을 알아차리는 능력이 부족한 것이다. 우리는 끊임없이 주변의 아름다움을 발견해야 하고, 그러기 위해 감각을 좀 더 예리하게 갈고 닦을 필요가 있다.

스트레스에 효과적으로 대응하려면 우선 자신이 스트레스 상태에 놓여 있는가부터 확인해야 한다. 이때 필요한 것이 바로 심신 살피기다. 혹자는 이렇게 말할지도 모른다. "그게 뭐 어려워서 살피고 말고 하지? 스트레스를 받으면 모르고 싶어도 바로 알 수 밖에 없는데!" 하지만 사실은 그렇지 않다. 동양인은 자신의 감정을 그대로 표현하는 일을 어려워한다. 오히려 억누르는 데 더 익숙하다. 때문에 스트레스를 받아도 도통 드러낼 줄 모르는데, 이때 가장 흔하게 무시되는 것이 바로 각종 신체 불편감이다.

심신 살피기는 스트레스가 우리의 생각, 감정, 신체, 행위 및 사회관계에 어떻게 영향을 미치는지 알아보는 훈련이자, 자신을 좀 더 전면적으로 살피고 깊이 이해하는 과정으로 SMART-C 프로그램의 기본이다. 많은 환자가 이 심신 살피기로 오랫동안 자신을 곤혹스럽게 만들었던 문제를 해결했다. 자신의 몸과 마음을 살피는 것만으로도 이미 절반, 아니 그 이상의 성공을 거뒀다고 할 정도로 중요한 과정이다.

스트레스 신호에 대처하기 위한
습관 만들기

1. 스트레스를 경고하는 6가지 신호

사람이 스트레스에 보이는 반응은 일종의 '습관성 반응'으로 나름의 규율에 따라 발생한다. 우리는 스트레스 사건을 겪으면 각종 생각, 감정, 행위로 표현을 하게 되는데, 이를 '스트레스 경고 신호'라고 한다. 스트레스 경고 신호는 우리의 스트레스 반응계가 이미 활성화되었음을 의미한다.

1) 스트레스 경고 신호의 유형

스트레스 경고 신호의 양상은 사람마다 다르지만 크게 신체, 감정, 생각(인지), 행위, 관계, 내적 가치 등 여섯 가지 방면에서 나타난다. 특히 내적 가치 방면의 스트레스 경고 신호는 타인과의 깊은 연계, 삶의 의미, 인생의 목표와 신념에 관한 것으로, 다른 다섯 방면의 경고 신호를 동반하기도 한다.

- 신체 경고 신호: 가장 뚜렷하지만 동시에 가장 쉽게 오인 혹은 무시된다. 스트레스성 두통, 요통, 위통, 근육 긴장, 식욕 변화, 수면 장애 등의 '신체 불편감'이 여기에 속한다. 스트레스가 만드는 감정의 파동은 주로 심혈관계와 위장계의 장애를 일으킨다. 한 조사에 따르면, 전 세계 성인의 50퍼센트 이상이 스트레스성 위장 장애를 경험했다고 한다. 몸에 불편한 부분이 생겼지만, 병원에 가서 검사를 받아도 특별한 원인을 찾을 수 없다면, 이는 신체가 보내는 스트레스 경고 신호다. 지금 스트레스를 받고 있다고 알리는 것이다. 계속 무시하거나 방치하면 진짜 질병으로 이어질 수 있으므로 경고 신호를 감지한 즉시 해결책을 찾아야 한다.
- 감정 경고 신호: 가장 흔하고 익숙한 유형은 슬픔, 분노, 불안, 공포 같은 부정적인 감정이다. 종종 "이런 것도 훈련이 필요한가요?", "설마 이런 감정도 알아차리지 못할까요?"라고 묻는 사람들이 있다. 물론 우리는 이런 감정들을 정확하게 구별하고 알아차릴 수 있다. 기쁨, 슬픔, 분노, 공포는 인간의 기본적인 감정이어서 누구나 쉽게 알아차릴 수 있지만, 이외에도 복잡하고 미묘한 감정들이 많아서 구별하기가 여간 까다롭지 않다. 캘리포니아 대학 버클리 캠퍼스의 감정심리학자 대처 켈트너(Dacher Keltner) 교수 연구팀은 2017년에 발표한 논문에서 인간의 27가지 독립적인 감정을 소개했다. 감탄, 숭배, 심미적 감상, 행복, 불안, 경외, 어색, 지루, 침착, 곤혹, 갈망, 혐오, 고통, 황홀, 질투, 흥분, 공포,

통한, 흥미, 기쁨, 그리움, 낭만, 슬픔, 만족, 성욕, 감정이입, 승리감이다. 감정 경고 신호는 생각(인지) 경고 신호와 밀접한 관계로, 동시에 출현하는 경우가 많다. 처음에는 이것이 자신의 감정인지 생각인지조차 구분하기 어려워 제대로 말하지 못하는 경우도 허다하다. 여기에서 중요한 점은 감정이 진짜이며, 생각은 당신을 속일 수도 있다는 사실이다.

• 생각(인지) 경고 신호: 생각(인지)이란 자신과 타인, 세상을 바라보는 관점을 의미한다. 생각(인지) 경고 신호는 주로 두 가지 방면에서 드러나는데, 하나는 생각 자체가 부정적으로 변하는 것이고, 다른 하나는 생각이 심하게 요동쳐서 도무지 명확하지 않은 것이다. 이런 상황이 오래 지속되면 부정적인 사고방식이 '자동적 사고(automatic thoughts)'로 고착된다. 생각(인지) 경고 신호는 알아차리기 매우 어려우며, 알아차리더라도 장기간 고착된 상태라면 단시간에 바꾸기 어려우므로, 전문적인 훈련을 통해 수정해야 한다. 우리의 관념과 사고, 어떤 일이나 사람에 대한 인지가 반드시 진실하거나 객관적이지 않을 수 있음을 기억하자. 어쩌면 우리는 우리의 관념과 생각에 속고 있는지도 모른다.

• 행위 경고 신호: 가장 흔한 유형은 탄수화물 섭취가 늘어나는 것인데, 여기에는 두 가지 생물학적 요인이 있다. 하나는 탄수화물이 스트레스로 인해 발생하는 대사증후군이나 많은 신경 활동에 필요한 에너지를 제공하기 때문이고, 다른 하나는 탄수화물이 쾌감을 생성해서 일종의 '스트레스 중화 작용'을 하기 때문이다. 이와 정반대로 스트레스가 신체의 소화 기능을 떨어뜨려 식욕이 감소하는 행위 경고 신호도 있다. 또 스트레스에 시달리는 사람은

즉각적인 쾌감을 얻을 수 있는 행위를 하려는 경향을 보인다. 흡연과 음주, 인터넷 및 게임 중독이 대표적인데, 스트레스를 제때 효과적으로 제어하지 못한다면 이런 행위들도 계속되어 신체 건강에 부담으로 작용할 것이다. 실제로 스트레스를 받으면 평소에는 하지 않을 유해 행위를 하는 사람이 적지 않다. 이런 방법으로 스트레스가 완화될 수는 있지만, 이는 일시적인 편안함을 제공할 뿐이며 결과적으로 스트레스는 더 커질 것이다.

- 관계 경고 신호: 자신과 타인의 관계에 대한 감각에도 스트레스 경고 신호가 발동할 수 있다. 스트레스를 받으면 우리는 스스로 자신을 고립하고 타인과 거리를 두려는 경향을 보인다. 심할 경우, 타인의 눈길조차 두려워서 애써 피하는 사람도 있다. 이런 상황에서는 친구나 가족 등 안정적이고 친밀한 인간관계에 의지함으로써 스트레스 상황을 제어할 수 있다.

- 내적 가치 경고 신호: 내적 가치란 의미 있는 삶, 뚜렷한 인생 목표, 사회를 위한 가치 창조 등에 관한 확고한 신념을 의미한다. 동시에 타인 및 세상과의 깊이 있는 연계이기도 하다. 스트레스가 심할 때, 우리는 기존의 내적 가치가 흔들린다. 불합리한 모든 일에 분개하다가 또 한없이 우울해지면서 세상을 증오하는 감정에 휩싸이기도 한다. 이런 상황에서는 일과 생활에서 어떤 만족감도 느끼지 못한다.

스트레스 경고 신호는 사람마다 다르지만, 유의미한 훈련을 통해 마음과 몸이 보내는 경고 신호를 식별하고 즉각 대응함으로써 스트레스가 일으키는 심각한 악영향을 예방할 수 있다. 자신의 마음과 몸에

신체 경고 신호

두통	요통
소화불량	목, 어깨 경직
위통	심장박동 빨라짐
손바닥 땀	자세 불편
피로	이명

감정 경고 신호

우울감, 패배감	긴장, 불안, 걱정
분노	증오
외로움	짜증, 조바심
슬픔	안절부절

생각(인지) 경고 신호

불분명한 생각	결단력 부족
건망증, 집중력 상실	무의미한 생각
부정적 사고	생각의 반복

행위 경고 신호

운동량 감소	흡연, 음주
폭식, 폭음	식욕 저하
쇼핑중독	인터넷 및 게임 중독

관계 경고 신호

대중 기피	불신
사교활동 감소	타인에 대한 비판

내적 가치 경고 신호

의미 없는 일	인생의 가치 상실

나타나는 불편감을 참고 견디는 습관을 버려야 한다. 좀 더 예민하게 마음과 몸의 변화를 느껴 가장 적절하고 효과적인 조치를 취함으로써 스트레스에 대응하자. 스트레스의 고통에서 당신을 구해줄 사람은 당신 자신뿐이다.

2) 훈련 방법

스트레스 경고 신호를 알아차리려면 자신의 마음과 몸의 상태에 집중해서 주의 깊게 살펴야 한다. 기간(하루, 일주일, 한 달)을 정해서 표를 만들고, 해당 기간에 앞의 여섯 가지 방면에서 어떤 변화가 출현했는지 꼼꼼하게 기록해보자. 원래부터 있었던 특징이라면 스트레스 경고 신호라고 할 수 없다. 예컨대 원래 성격이 내향적이어서 사람들과 만나거나 교유하는 걸 좋아하지 않는 편이라면 관계 경고 신호에 해당하지 않는다. 대부분의 경고 신호는 극적이지 않다. 오히려 매우 안정적으로 슬며시 나타나고, 여러 가지가 동시에 출현하기도 한다. 훈련을 통해 자신의 스트레스 경고 신호의 규칙, 출현 빈도 등을 알아낸다면 스트레스에 더 효과적으로 대응할 수 있다.

2. 회복력을 높이는 10분 훈련

우리 몸의 회복력은 마치 끊임없이 재충전되는 배터리와 같다. 스트레스 사건에 대응하고 나면 우리가 보유한 에너지량에 변화가 생긴다. 뒷면의 표를 참조해서 '소모' 쪽에는 현재 에너지가 소모되는 스트레스 사건을 적고, '충전' 쪽에는 스트레스를 완화하거나 회복력을

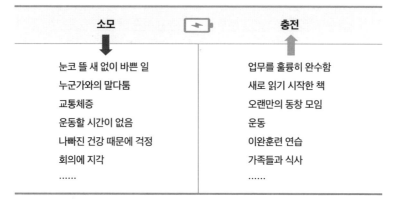

키우는 일들을 써보자. 천천히 생각하면서 10분 이상 시간을 들여 완성하기를 권장한다.

다 쓴 다음 전체적으로 보면서 생각해보자. 소모와 충전, 어느 쪽이 더 긴가? '충전' 쪽에 쓴 일들은 정말 당신의 에너지를 회복시켜주는가? 타인을 위한 일이 많은가, 아니면 자신을 위해 하는 일이 많은가? 이 훈련을 몇 차례 반복하면서 자신의 에너지가 소모되고 충전되는 상황에 일정한 규칙이 있는지 살펴보자. 예를 들어, 에너지를 소모하는 일에 공통점이 있는지, 혹시 매번 똑같은 일은 아닌지 확인하는 것이다. 또 가장 효과적인 '고속 충전' 방식을 찾아야 한다. 훈련 효과를 높이려면 시간대를 나눠 기록해도 좋다.

스트레스 완화를 위한
3가지 습관

1. 호흡 살피기

크게 호흡자각(breath awareness)과 복식호흡으로 나눌 수 있으며, 두 가지를 결합해서 진행해도 무방하다. 호흡 살피기는 모든 이완훈련의 기초로, 적용 범위가 가장 넓어 일상의 스트레스는 물론이고 불안, 우울, 불면증에도 효과가 크다. 특히 잠들기 전에 하면 수면의 질이 크게 개선된다. 다만 불안장애나 더 심각한 놀람발작 등이 호흡 변화로 나타난다면 호흡 살피기가 증상을 더 가중시킬 수 있다. 이 경우 몸 살피기 등 다른 방법으로 먼저 훈련한 후, 어느 정도 적응되면 단계적으로 호흡 살피기를 시도하는 것이 좋다.

놀람발작은 급성 불안발작이라고도 하는데, 갑자기 심한 불편감이 느껴지면서 가슴이 답답하고 숨이 잘 쉬어지지 않는 증상이다. 심하게 두근거리고 땀이 나며 손발이 마비된 듯 제대로 움직이지 않고 곧 죽을 것 같은 느낌이 든다. 발작은 약 15분가량 계속되다가 사라지며, 대부분 병원에 갈 때까지 지속되지 않는다. 일반적인 상황이라면 검사해도 특별한 문제가 발견되지 않는다.

∞∞∞∞∞ 해바라기 이야기 <03> ∞∞∞∞∞

70대 여성 C는 10년 동안 불면증에 시달리며 줄곧 약물치료를 받았는데, 호흡 살피기를 배우면서 자연스럽게 약물치료를 중단했다. 변화는 이뿐만이 아니었다. 눈가에 그림자처럼 드리웠던 다크서클이 사라지고 피부가 맑아져서 겉으로 보기에도 훨씬 젊어졌다. 사실 지금도 C의 수면 상황은 그리 좋은 편이라고 할 수 없다. 여전히 매일 밤 9시에 침대에 누워 금세 잠들지만, 12시 즈음에 깬다. 그러나 이제는 잠에서 깨도 예전처럼 기분이 나쁘지 않다. 그녀는 잠에서 깨면 짜증과 불안, 온갖 걱정으로 이리저리 뒤척이는 대신, 호흡 살피기를 한다. 예전처럼 다시 잠들지 못할까 봐 불안해서 어쩔 줄 몰라 하는 일은 더 이상 없다.

현재 C는 한밤중에 잠에서 깰 때와 낮에 한 번씩, 하루에 두 번 호흡 살피기를 규칙적으로 하고 있다. 더 정확하게 훈련하기 위해 이완훈련용 애플리케이션을 설치하고 사용법을 익혔다. 그녀는 이제 약을 먹지 않아도 애플리케이션에서 나오는 내 목소리와 음악을 들으면서 호흡 살피기를 하면 금세 다시 잠든다고 웃으면서 말했다.

그녀뿐 아니라 많은 사람이 유사한 변화를 경험했다. 언젠가 한 환자가 걱정스러운 표정으로, 내 목소리에 너무 의존하게 되면 어떻게 하느냐고 물었다. 단언컨대 이는 전혀 걱정할 일이 아니다. 이런 종류의 의존에는 어떤 부작용도 없을뿐더러, 이완훈련이 더 나은 생활을 위한 습관이 되었다는 의미이니 좋지 않을 것이 없다.

2. 몸 상태 살피기

호흡 살피기로 원하는 만큼의 효과를 얻지 못했다면 몸 상태 살피기로 대체할 수 있다. 원래 호흡에 집중하기 어려워하는 사람도 있고 몸에 집중하기 어려워하는 사람도 있으므로 두 가지 중 편한 것을 선택하면 된다.

몸 상태 살피기는 자신의 몸과 나누는 대화다. 이를 통해 수년 동안 숨겨지고 억눌려 있던 몸의 문제들이 드러날 것이다. 내 몸이 이 정도로 긴장하고 있었나 싶어 깜짝 놀라겠지만, 지금처럼 빠르게 흘러가는 세상에서 몸을 완전히 이완하면서 살기란 쉽지 않은 일이다. 그러니 반드시 의식적으로 꾸준한 훈련을 통해 몸의 긴장을 풀고 이완함으로써 몸 안에 쌓인 쓰레기를 뱉어내야 한다. 몸 상태 살피기는 크게 보디스캔(body scan), 이완 유도, 점진적 이완으로 나눌 수 있다.

1) 보디스캔과 이완 유도
보디스캔은 말 그대로 검색대 위에 올라간 것처럼 자신의 몸 곳곳을 샅샅이 훑는 방식이다. 머리부터 발끝까지, 각 부위의 상태를 점검하고 느껴본다. 이완 유도도 방식은 같으나 목적이 다르다. 보디스캔은 단순히 자신의 몸이 긴장되어 있다는 사실을 알아차리면 되지만,

이완 유도는 긴장을 풀어 이완 상태에 들어가는 것을 목표로 한다. 또 이완 유도는 주어지는 지시어에 따라야 한다는 점도 다르다. 보디스 캔과 이완 유도 모두 적용 범위가 넓고, 불안장애나 우울증에 효과가 크다. 특히 이완 유도는 잠자기 전에 하면 수면의 질을 개선하는 데 도움이 될 것이다.

2) 점진적 이완

보디스캔이나 이완 유도의 효과가 크지 않았다면 점진적 이완으로 전환할 수 있다. 특정한 동작으로 몸 각 부위에 의식적으로 힘을 주어 근육을 긴장시켰다가 이완한다. 이를 통해 교감신경 반응을 줄이고 부교감신경 기능을 강화해서 스트레스를 감소시킬 수 있다. 긴장 상태는 약 10초, 이완 상태는 약 50초를 유지하면서 매일 1~2회 반복한다. 만성 통증이나 부상 등을 겪었다면 그 부위 근육에 집중해서 훈련해도 좋다. 핵심은 자신의 몸을 이완시키는 방법을 아는 것이다. 몸이 긴장했을 때와 이완했을 때의 차이를 명확히 알아야 한다.

∾∾∾∾∾∾∾∾∾ 해바라기 이야기 <04> ∾∾∾∾∾∾∾∾∾

열다섯 살, 중학교 3학년인 D는 만성 학업 스트레스로 나를 찾아왔다. 3개월 전에 처음 어지럼증이 생겼고 점점 심해져 수업을 들을 수 없을 정도였다. 부모는 D를 데리고 베이징의 대형병원 몇 군데를 돌며 MRI를 비롯한 각종 검사를 받았지만, 어떤 문제도 발견하지 못했다. D는 어지럼증 외에도 목과 머리의 긴장이 심했는데, 특히 수업을 받을 때 더 그랬다.

환자가 지방에 거주하고 학습량이 많은 학생이라 베이징에 오래

머무를 수 없었다. 그래서 나는 점진적 이완으로 우선 목과 머리의 긴장을 푸는 데 집중했다. D는 첫 번째 훈련에서 매우 큰 효과를 보았다. 이후 3개월 동안 매일 두 차례씩 점진적 이완을 훈련했으며, 다시는 어지럼증이 발생하지 않았다.

점진적 이완은 이유를 알 수 없는 어지럼증뿐 아니라 두통, 요통, 과민성 대장증후군 등 몸의 각종 불편감을 처리하는 데 매우 적합하다. 특히 증상이 호흡으로 나타나서 호흡 살피기를 할 수 없는 사람에게 이 훈련을 추천한다.

스트레스성 놀람발작이 일어나면 매번 호흡에 문제가 생기는 환자가 있었다. 그러면 코로 숨쉬기가 어려워 입으로 호흡하는데, 그나마도 숨을 충분히 들이마시지 못하는 느낌이 들어 답답해했다. 이런 증상들은 모두 특정한 생리 질환이 아니므로 점진적 이완으로 충분히 개선할 수 있다. 물론 특정한 질환이 있어도 몸의 불편감을 줄이는 데 효과가 있다. 고대 그리스 철학자 아리스토텔레스는 "몸이 병나거나 상처를 입으면 당신의 영혼은 고통을 느낀다. 마찬가지로 당신의 영혼에 병이 나면 몸이 고통스러워한다"고 말했다. 마음과 몸의 고통이 더해졌을 때 1+1은 2보다 크다. 마음과 몸의 편안함 역시 그렇다.

3. 복식호흡 연습하기

심신 살피기에서 추천하는 미니 훈련은 복식호흡이다. 이때 너무 신경을 쓰거나 노력해서 호흡하지 않도록 주의해야 한다. 아주 자연스럽고 편안하게 호흡해야 효과가 크다. 만약 훈련 중에 어지럼증 등의 불편감이 느껴진다면 너무 힘을 쓰고 있다는 의미이므로 조절할 필요가 있다. 음성 안내를 들으며 훈련하는 경우, 자신의 호흡과 안내호흡의 리듬이 서로 맞지 않을 수 있다. 이때 어떻게든 음성 안내에 맞추려고 자신의 호흡 리듬을 흔들 필요는 없다. 가장 편안한 호흡 리듬을 유지하면서 호흡법을 배우는 데 중점을 두자. 복식호흡은 급성스트레스에 대응할 때 유용하며 단순한 심호흡보다 더 효과적이다.

있는 그대로의 나에게 집중하기

심신 살피기를 할 때는 마치 거울이 된 듯, 자신을 있는 그대로 비춰야 한다. 거울은 무엇을 비출지 선택하지 않고, 일부러 비추지도 않는다. 비치는 것을 왜곡 또는 해석하지 않으며, 비치는 것에 영향을 받지도 않는다. 심신 살피기 이완훈련 중 하나인 '집중과 확장'은 다음 세 단계로 진행된다.

· 제1단계: 주의력 범위를 하나의 사물이나 일까지 축소한다(예: 발가락 하나, 어떤 생각 하나……).
· 제2단계: 주의력 범위를 다른 사물이나 일로 확장한다.
· 제3단계: 주의력 범위를 다시 하나의 사물이나 일까지 축소한다.

위 세 단계를 반복하면서 생각해보자. 주의력 범위를 얼마나 작게 줄여서 집중했는가? 또 얼마나 크게 확장했는가? 얼마나 빠르게 혹은 느리게 집중하거나 확장했는가? 익숙해지려면 반복훈련이 필요하다.

집중할 때는 범위를 최대한 작게, 사라질 정도까지 줄이고, 확장할 때는 최대한 크게, 모든 감각기관으로 확장해본다. 집중과 확장은 심신 살피기 능력을 훈련하는 데 매우 유용하다. 어떤 특정한 결과를 기대하기보다는 마치 장난감을 가지고 놀 듯이 해야 한다. 집중을 통해 당신의 몸과 마음에 하나하나 주목하고, 확장을 통해 새로운 생각과 느낌을 만들어낼 수 있을 것이다.

할 수 있는 한 집이나 호텔 룸에 스마트폰을 놓고 나옴으로써
가능한 오래 내 자신과 업무가 분리될 수 있도록 합니다.
일상의 업무 스트레스에서 벗어나면 해묵은 이슈에 대한
새로운 관점과 영감이 떠오를 가능성이 높다는 사실을 알게 됐기 때문이죠.

- 리처드 브랜슨(버진 그룹 CEO) -

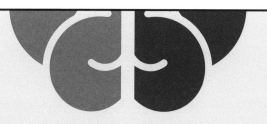

2장

내 스트레스의 가장 큰 원인은?

- 인지 향상 -

◇◇◇◇◇◇◇◇◇◇ 해바라기 이야기 <05> ◇◇◇◇◇◇◇◇◇◇

해바라기 E와 F는 모두 실직한 후 나를 찾아왔다. 하지만 실직이 그들에게 어떤 의미인지 물었을 때, 두 사람의 대답은 전혀 달랐다.

E에게 실직은 너무나 큰 타격이었다. 다시는 이만한 직장을 구할 수 없을 테니 미래는 완전히 무너진 것과 다름없었다. 그는 매일 불안과 걱정에 휩싸여서 끙끙 앓았다. 특히 잠자리에 누우면 오만가지 생각이 나서 도무지 잠을 이룰 수가 없었다. 외출도 일절 하지 않으면서 사람들과의 접촉을 피했고, 비관과 좌절감에 젖어 괴로워했다.

F도 실직 스트레스로 불면증이 시작되었다. 하지만 그녀는 실직은 일시적인 문제일 뿐, 더 괜찮은 직장을 구할 수 있다고 생각했다. 나는 그녀에게 걱정과 불안을 덜기 위해서 쉬는 김에 여행이라도 떠나 푹 쉬며 재충전하라고 조언했다. 얼마 후 그녀는 여행을 다녀왔

고, 꾸준한 심신훈련으로 마음을 다져 불면증에서 벗어났다.

E 역시 우울증과 불안장애를 계속 치료했으나 워낙 정도가 심해서 개선이 쉽지 않았고 시간도 훨씬 많이 걸렸다.

용수철은 외부의 힘을 받으면 늘어나거나 줄어들지만, 힘이 작용하지 않으면 원래의 길이로 돌아간다. 우리 몸도 반드시 그러해야 한다. 어떤 사람들은 살아가면서 문제에 부딪히지 않기를, 스트레스가 전혀 없기를 바란다. 이는 용수철이 외부의 힘을 전혀 받지 않기를 바라는 것과 같다. 하지만 그런 용수철은 곧 탄성을 잃고 만다. 우리 삶에도 외부의 힘은 얼마든지 있을 수 있다. 핵심은 다시 돌아가는 탄성, 바로 '회복력'이다.

E와 F는 모두 실직이라는 스트레스 사건으로 인해 불면증이 생겼지만, 치료 과정과 시간은 전혀 달랐다. 가장 큰 원인은 두 사람의 뇌가 실직이라는 사건을 전혀 다르게 '가공'했기 때문이다. E의 뇌는 실직을 '맹수의 습격'으로 가공해 각종 부정적인 감정을 출현시켰다. 반면 F의 뇌는 실직을 '생쥐'로 가공했다. 갑자기 튀어나와 놀라기는 했어도 영향이 그리 크지 않았다.

######## 해바라기 이야기 <06> ########

G는 외국 기업의 고위급 임원으로 능력을 인정받고 있지만, 대표와 사이가 좋지 않아 스트레스가 심했다. 특별한 심리 증상이나 장애가 있는 것은 아니었지만, 몸과 마음의 상태를 점검하기 위해 나를 찾아왔다. 그녀는 호흡 살피기 단계를 마친 후에 이어진 인지 향상 훈련에 큰 흥미를 보였다. 그리고 상담 과정에서 자신에게 완벽

주의와 독심술 등의 인지오류가 있음을 깨달았다. 나는 그녀에게 스트레스 대응 일기를 쓰게 했다. 일상에서 드러나는 인지오류를 직접 확인하도록 한 것이다.

G는 치료를 거듭할수록 인지오류로 인해 발생한 스트레스에서 자유로워졌다. 더 가벼운 마음으로 일하고 자신감도 훨씬 커졌다. 그녀는 나와 1년여에 걸쳐 인지 향상 훈련을 마친 후, 다른 지역의 대도시 지사장으로 승진해 떠났다. 새로운 지역에서 시장을 개척하는 임무를 맡았으니 앞으로도 고강도 업무와 그에 따른 스트레스가 만만치 않을 것이다. 하지만 나는 그녀가 완벽하게 대응할 능력이 있으며 직장에서 더 승승장구할 거라고 확신한다. 나와 함께하는 동안 G는 지친 심신을 다스리고 안정을 찾는 데 그치지 않고, 과학적인 스트레스 관리 및 대응법을 배웠다. 이제 그녀는 자신의 스트레스를 원하는 대로 제어하며 자기 감정을 조절할 수 있다.

스트레스를 유발하는
'생각의 굴레'

위 그림에서 무엇이 보이는가? 사람들은 여기서 여성 혹은 노인을 본다. 주변 사람들에게 이 그림을 보여주면 열띤 토론이 벌어지곤 한다. 여성을 본 사람은 노인을 보지 못하고, 노인을 본 사람은 여성을 보지 못한다. 옆에서 알려주면 그제야 자세히 들여다보고서 알아차린다. 물론 끝까지 전혀 알아보지 못하는 사람도 있다. 여성과 노인, 둘

중 어느 쪽이 보여야 더 좋은 것은 없다. 기억해야 할 것은, 눈이 우리를 속일 수 있으며, 지금 보는 사물의 모습이 반드시 그것의 진짜 모습은 아닐 수도 있다는 사실이다.

인지는 곧 '생각'이다. 스트레스와 생각의 관계를 떠올려보자. 몸이 이완되면 내 머릿속에 생각이 그렇게나 많았음을 발견하게 된다. 이완훈련은 우리에게 느려지는 기회를 제공함으로써, 제삼자의 눈으로 스트레스가 자기 생각에 어떤 영향을 미치는지, 그 생각들이 어떻게 다시 스트레스를 만드는지 관찰할 수 있게 해준다.

다음은 인지의 주요 구분과 특징이다.

- 기본 인지: 선악(善惡), 미추(美醜), 시비(是非), 이해(利害) 등.
- 개별성: 인지는 성장 경험이나 환경 등 외부 요소의 영향을 받으므로 사람마다 차이가 크다.
- 인지는 반드시 정확하다고 할 수 없으며 편향과 왜곡이 존재한다.

부정적 생각이
스트레스에 미치는 영향

생각은 내재된 기대와 신념을 반영한다. 그것은 긍정적일 수도 부정적일 수도 있고, 합당할 수도 합당하지 않을 수도 있다. 일상의 대부분 상황에서 생각은 자동으로, 의식하기도 전에 이미 출현하는데, 이를 '자동적 사고'라고 부른다.

1. 나쁜 결과만 생각해내는 '자동적 사고'

- 자발적이며 검증 또는 선택되지 않는다.
- 빠르고 단기적이며 무의식적인 흐름으로 형성된다.
- 매우 견고하며 융통성이 없고 멈추기 힘들다.
- 심사숙고한 결과가 아니다.

- 대체로 상황을 부정적·편향적·극단적으로 본다.
- 과거, 특히 아동기의 경험으로 학습되며 습관적이다.

자동적 사고는 주로 아래와 같은 말들로 표현된다.

- 아니야!
- 내가 왜?
- 못 참겠어!
- 별로야!
- 아무것도 변하지 않아!
- 항상 나쁜 일만 생기지.
- 나는 할 줄 아는 게 없어!
- 나는 왜 이렇게 멍청할까?
- 더 잘해야 하는데······.
- 제대로 되는 일이 없어!

스트레스와 관련된 자동적 사고는 부정적인 경우가 대부분이다. 이 '부정적 자동적 사고'는 위협을 감지하면서 형성되는데, 이때 위협은 진짜일 수도 가상일 수도 있다. 스트레스 반응 과정에 동반되는 부정적 자동적 사고는 부정적인 감정을 강화하고 이성적 사고 능력을 상실케 해서 스트레스 대응력을 약화시킨다. 불량하거나 무의미한 행위를 유도할 수도 있다.

앞의 해바라기 이야기에서 E는 실직이라는 스트레스 사건에 대해 '다시는 이만한 직장을 구할 수 없을 것이다', '나는 실패자다', '내 미래는 이미 완전히 무너졌다' 같은 부정적 자동적 사고에 휩싸였다. 이처럼 왜곡된 사고는 불안과 우울감 같은 부정적 감정과 자발적 고립, 은둔 등의 불량한 행위를 유도했다. 부정적 자동적 사고, 부정적 감정, 부정적 행위는 악순환을 형성해 점점 더 심각한 우울증에 빠지게 되고, 이는 곧 인지오류로 굳어진다.

공포나 위협에 의한 부정적 자동적 사고는 스트레스 경고 신호이므로 즉각 식별해낸다면 효과적인 대응법을 찾을 수 있다. 일과 생활에서 자신의 부정적 자동적 사고를 알아차릴 수 있다면 이미 스트레스와의 전쟁에서 승리한 것이나 다름없다.

2. 극단적 사고가 불러오는 잘못된 선택들

다음은 여러 인지오류 중 흔히 볼 수 있는 것들이다. 자신에게 해당하는 것이 있는지 확인해보자.

- 이분법적 사고: 흑백논리, 양극화 사고라고도 한다. 모든 상황을 극단적으로 보면서 연속성을 배제해, 양극단을 잇는 회색지대가 있다고 생각하지 않는다. '늘', '항상', '한 번도 ~하지 않은' 등의 말을 자주 한다. (마트에서 계산을 기다리며 자신이 선 줄이 가장 느린 걸 보고는 '나는 항상 잘못된 줄을 선택해'라고 생각한다.)
- 과일반화: 먼저 경험한 한두 가지 사건이나 증거를 바탕으로 결론을 내리고, 이를 넓은 범위, 심지어 무관한 상황에까지 적용해 해석하려고 한다. (첫인상이 좋으니까 좋은 사람임에 분명해.)

- 정신적 여과: 어떤 상황에서 일어난 여러 가지 일 중 주된 내용은 무시하고 특정한 일부 정보에만 주의를 기울여 전체 의미를 해석하고 판단한다. (동창회에서 오랜만에 친구들을 만나 반가웠지만, 한 친구가 고등학교 시절에 있었던 내 실수를 이야기해서 저녁 내내 기분이 나빴다.) 상황이나 사건의 세부적인 내용만으로 결론을 내리고, 다른 정보나 전체 배경은 무시한다는 의미에서 '선택적 추상화'라고도 한다. 실수나 실패, 단점, 부정적인 정보에만 특히 주의를 기울인다. (남자친구가 밸런타인데이에 꽃을 보내지 않았다. 이것은 그가 나를 사랑하지 않는다는 의미다.)
- 예언자적 오류: 미래에 일어날 일을 충분한 근거도 없이 예언하듯이 단정한다. 대부분 부정적으로 뭔가 심각하고 끔찍한 일이 닥칠 거라고 확신하므로 불안과 공포를 동반한다. '파국화'라고도 한다. (원서를 내봤자 분명히 떨어질 거야.)
- 의미 확대 또는 축소: 어떤 사건의 의미나 중요성을 실제보다 지나치게 확대하거나 축소한다. 대부분 나쁜 일의 영향이나 의미는 확대하고, 좋은 일의 영향이나 의미는 축소한다. (출근 중에 차가 고장나 멈췄다. 오늘은 내 평생 가장 재수 없는 날이다!)
- 당위적 사고: 그럴 만한 조건이나 근거가 없는데도 자신, 타인, 세상에 대해 '반드시 그래야 한다'고 기대 또는 요구하며, 그렇지 않으면 화를 내거나 부적절한 행동을 한다. '반드시', '무조건', '꼭' 같은 말들이 동반된다. '당위적 진술'이라고도 한다. (나는 반드시 S대학에 가야 해.)
- 비난: 문제의 책임이 자신에게 있다고 생각하고 자신을 비난하면서 혹독하게 몰아세운다. (동료와 공동으로 작업한 일을 기한 내에 완수

하지 못했다. 모두 내 탓이다.)

- **독심술 오류**: 사람들이 자신에 대해 부정적으로 생각하며 무시하고 깔본다고 추측한다. 자신감과 안정감이 부족하다는 의미다. (한 동료가 회의에서 내 의견에 동의하지 않았다. 그는 내게 뭔가 불만이 있는 게 분명하다.)

- **낙인 찍기**: 사소한 단점과 실수를 근거로 자신이나 타인을 낙인 찍듯 단정한다. (그때 그런 실수를 했으니 너는 평생 시시하게 살 거야!)

- **인정중독**: 모든 일을 타인에게 인정받기 위해서 한다. 인정을 받을 수만 있다면 어떤 대가를 치러도, 심지어 자신을 희생해도 좋다고 생각한다. 합당한 인정을 받지 못하면 몹시 괴로워한다. (시간을 내 친구에게 음식을 대접했지만 기대만큼 감사 인사를 받지 못했다. 어떻게 그럴 수가 있지?)

- **보상 요구**: 자신이 이만큼 노력하고 희생했으니 반드시 보상받아야 한다고 생각한다. 연인, 배우자, 부모와 자식 사이에서 자주 나타난다. (관계를 유지하기 위해 최선을 다했으나 이별 통보를 받았다. 내 노력과 희생을 보상받지 못해 너무 억울하다.)

- **완벽주의**: 자신 혹은 타인에게 불필요하게 높은 수준의 임무를 부여하고 다른 요소나 환경의 영향을 고려하지 않는다. (사람은 모두 실수할 수 있지만, 나는 절대 실수해서는 안 돼.)

- **비교**: 자기비하와 우월감을 낳는 유해한 사고다. 물론 비교를 통해 자신의 우수함을 확인하고 자존감과 만족도가 커지거나, 타인의 우수함을 인정하고 존중이나 겸손을 배운다면 문제 없다. (회의에서 X나 Y만큼 발언을 잘하지 못했다. 동기들은 잘나가는데 나만 왜 이 모양이지? / 회의에서 내 발언만 채택되었다. 나는 누구보다 뛰어나다.)

한 가지 생각이 반드시 한 가지 인지오류만 반영하지는 않으며 여러 가지가 복합적으로 작용한 결과일 수도 있다. 지금 우리의 목표는 각 인지오류의 명칭이나 의미를 익히는 것이 아니다. 자신에게 어떤 인지오류가 존재하는지 알아내는 것이 중요하다.

생각을 전환해
스트레스에 대처하기

1. 정말 스트레스 받을 만한 상황인가?

부정적 자동적 사고, 왜곡된 인지오류에서 벗어나려면 '인지 재구조화(cognitive restruction)'가 필요하다. 그 첫 단계는 자신의 스트레스 인지를 재평가하는 것인데, 크게 다음 두 가지로 귀결된다.

- 스트레스 사건에 대한 인지가 부정적·비관적이고 비합리적이다. 즉, 인지오류가 존재한다.
- 스트레스 사건에 대한 인지가 부정적·비관적이지만 합리적이다.

스트레스 사건에 대한 인지가 부정적·비관적이며 비합리적이라면 인지 재구조화가 필요하다. 그 구체적인 단계는 ① 부정적 자동적 사고 식별, ② 인지오류 식별, ③ 적절한 생각과 신념 찾기, ④ 더 나은 문제해결법 혹은 수용 전략 모색이다.

스트레스 사건에 대한 인지가 부정적·비관적이지만 합리적일 수도 있다. 그러면 자신의 노력이 결과에 미치는 긍정적인 영향에 대해 생각해보자. 예를 들어 스트레스로 잠이 부족하면 수면 습관을 개선하고, 스트레스로 정크푸드를 폭식한다면 식단을 바꿔볼 수 있다. 그 노력이 긍정적 영향을 일으킨다면 문제해결 전략을 선택한다. ① 이

스트레스 사건에 대한 인지 재평가

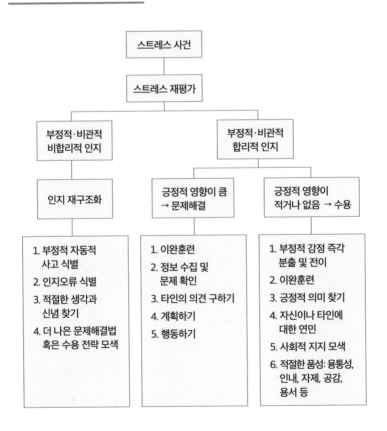

완훈련, ② 정보 수집 및 문제 확인, ③ 타인의 의견 구하기, ④ 계획하기, ⑤ 행동하기.

하지만 자신의 노력이 결과에 미치는 긍정적인 영향이 너무 적거나 없다면 그냥 상황을 수용할 수밖에 없다. 예를 들어보자. 당신이 지금 받고 있는 스트레스의 원인이 작은 키 때문이라면, 작은 키는 아무리 노력해도 바꾸기 어려우므로 현실을 부정하지 말고 받아들여서 작은 키의 긍정적인 의미를 찾으려고 시도하는 편이 낫다. ① 부정적 감정 즉각 분출 및 전이, ② 이완훈련, ③ 긍정적 의미 찾기, ④ 자신이나 타인에 대한 연민, ⑤ 사회적 근거 모색, ⑥ 적절한 품성: 융통성, 인내, 자제, 공감, 용서 등.

인지 재구조화는 인지와 사고 능력을 향상해 좀 더 이성적이고 효과적으로 스트레스에 대응하도록 돕는다. 당신이 감지하는 스트레스는 '지금 변화가 필요하다!'라고 알리는 신호다. 이 변화는 두 가지 방식으로 만들어지는데, 하나는 문제해결 전략을 세워 스트레스를 완화하거나 해소하는 것이고, 다른 하나는 스스로 태도를 바꿔 스트레스를 수용하거나 허락하는 것이다.

2. 스트레스 상황을 받아들이기

스트레스 상황은 일반적으로 우리의 능력 범위를 넘어선다. 그런데도 많은 사람이 '원래는 할 수 있는데……', '그 말을 했어야 하는데……'라면서 계속 상황을 곱씹고 후회한다. 수용은 포기나 양보가 아니라, 당면한 상황에 가장 적절한 방식을 찾는 태도다. 최근에 경험했던 스트레스 사건, 즉 당신의 능력 범위를 벗어나 난감했던 일을 떠올리고 다음의 질문에 답해보자.

- 어떻게 해야 이 상황을 수용할 수 있을까?
- 긍정적인 방식으로 상황에 영향을 미친다면 결과는 어떻게 바뀔까? 결과가 그렇게 바뀌었다면 나는 또 무엇을 할 수 있을까?
- 이 상황에서 나는 무엇을 배웠나?
- 이런 경험을 통해서 어떤 긍정적인 변화가 있었나?
- 유사한 상황에서 긍정적인 의미를 찾아낸 사례가 있나?
- 이 경험을 통해 나는 성장했나?
- 전체 상황에서 의미 있는 일을 찾을 수 있을까?

스트레스 사건들은 대부분 복잡다단하므로 실제로는 문제해결과 수용이라는 두 가지 전략을 동시에 사용할 필요가 있다. 예를 들어보자. 당신은 감기몸살 때문에 친구들 모임에 참석하지 못했다. 이 경우 선택할 수 있는 문제해결 전략은 다른 날 다시 모임을 잡아서 보고 싶은 친구들을 만나는 것이다. 여기에는 당신의 융통성, 적극성, 긍정적 기대가 반영된다. 동시에 모임에 참석하지 못하는 상황을 받아들이고 푹 쉬면서 건강을 회복하는 수용 전략을 선택할 수도 있다.

어떤 상황에서는 부정적인 감정과 생각도 받아들이고 허락해야 한다. '늘 즐거운 상태를 유지하기 위해' 스트레스를 받을 필요는 없다. 때로는 상심, 실망, 분노 같은 감정이 전혀 문제가 되지 않으며, 그런 감정을 수용하는 것이 오히려 가장 좋은 선택이 될 수도 있다. 주의해야 할 점은 '적응'이 반드시 '긍정적'인 것은 아니라는 점이다. 예를 들어, 학대당하는 상황에서 인내는 적응반응이지만 유해한 결과를 낳는다.

수용 전략이 필요한 대표적인 예가 바로 노화다. 알다시피 노화는 막을 수 없으며 받아들일 수밖에 없는 일이다. 그러니 순순히 받아들여 스트레스를 줄이고 열심히 건강을 관리하는 편이 오히려 노화 속도를 늦추는 가장 좋은 방법이다.

한 달 안에 체중을 5킬로그램 감량하는 목표를 세웠는데 실패했다고 가정해보자. 몹시 실망스럽겠지만, 이 상황에서도 긍정적인 의미를 찾을 수 있다. 이번에 체중 감량에 방해가 된 나의 태도와 행위 요소를 찾아내 전략적으로 해결한 후 최종적으로 감량에 성공하면 된다. 이때 수용 전략은 심신 살피기를 통해 가능하다.

또 다른 예를 들어보자. 당신은 간절히 바라던 일자리를 얻지 못했다. 좌절과 실망이 크겠지만, 마음을 달래려면 이 경험으로 꿈이 얼마나 더 명확해졌는지, 면접 기술이 얼마나 더 개선되었는지를 생각해야 한다.

스트레스 상황에서 문제해결과 수용 중 어느 쪽을 선택할지 결정해야 할 때는 우선 인지오류를 식별하고, 비합리적인 신념들을 합리적으로 수정해야 한다. 합리적 신념이란 자신의 통제 범위 안에서는 문제해결 전략을, 통제 범위 밖에서는 수용 전략을 선택하게 돕는 신념이다.

스트레스로 인한 고통스러운 감정, 생각 및 신념이 사라지면 적응반응이 나타난다. 이때의 새로운 감정과 생각, 신념은 당신과 타인에게 모두 유리하다. 대부분의 상황에서 스트레스 반응은 '전부 내 것', 적응반응은 '전부 우리 것'을 상징한다. 내 것이 우리 것으로 바뀌면

적응반응에서의 변화

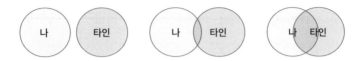

우리는 자신에게뿐 아니라 타인에게도 서비스할 수 있다.

　운동과 이완훈련 등 스트레스를 완화하는 행위는 적응반응이 더 쉽게 생겨나도록 돕는다. 어떤 전략이든 선택을 해서 스트레스에 대응했다면 자신에게 다음 세 가지 질문을 해보자.

- '문제를 어떻게 해결할지' 생각하는 데 주의력을 집중했나?
- 자신의 대응법에 만족하나?
- 만족 혹은 불만족한 이유는 무엇인가?

좋은 생각을 만들어주는
일상 습관

1. 스트레스 다이어리 쓰기

일반적으로 스트레스 반응은 우리 몸의 크고 작은 변화, 감정, 생각과 행동들로 드러난다. 평소 스트레스 대응 일기를 쓰면 이런 스트레스 경고 신호를 알아차리는 데 큰 도움이 된다.

우선 스트레스를 받을 때, 사고 시스템이 어떻게 스트레스 반응을 내놓는지 알 필요가 있다. 최근에 있었던 스트레스 사건을 떠올리면서 짧은 문장으로 표현해보자. 스트레스 반응은 우리가 실제나 상상 속에 존재하는 위협을 감지하면서 촉발되므로, 이 위협을 직접 묘사할 수 있어야 한다.

"장인어른이 내게 전화했다." 이런 묘사는 적합하지 않다. 이 일이 왜 스트레스를 일으키는지에 대한 정보가 전혀 없기 때문이다. "장인

어른이 전화해서 내 계획을 나무랐다"라고 묘사한다면, 스트레스가 어디에서 생겼는지 알 수 있다. 최근 당신이 경험한 스트레스 사건은 무엇인가? 어떤 생각을 하고, 어떤 느낌을 받았는가? 당시의 생각과 감정을 가능한 한 많이 떠올려보자. 적어도 다섯 개 이상은 되어야 자신의 스트레스 반응을 더 자세하고 정확하게 이해할 수 있으며, 적절한 적응반응을 찾기 위한 준비가 되었다고 할 수 있다.

이제 본격적으로 스트레스 대응 일기를 써보자. 가장 먼저 쓸 내용은 '스트레스 반응'이다. 인지오류를 정확하게 구분했는지 걱정할 필요 없다. 하나의 부정적인 사고가 여러 가지 인지오류에 동시에 속할 수도, 어디에도 속하지 않을 수도 있기 때문이다. 자신의 인지에 오류가 존재한다는 사실을 알아차린 것만으로도 충분하다.

스트레스 사건 1

"기획서를 완성해 제출했는데, 상사가 형편없다며 화를 냈다." 이 사건에 대해서 스트레스 대응 일기의 '스트레스 반응' 부분을 쓴다면 아래와 같다.

스트레스 대응 일기 1(스트레스 반응)

스트레스 반응			
신체 및 행위 경고 신호	부정적 감정	부정적 자동적 사고	인지오류
두통, 피로, 무력감, 식욕 저하, ……	좌절감, ……	1. 나는 왜 항상 이 모양일까? 2. 나는 실패자야. 3. 상사는 나를 미워해. 4. 나는 미래가 없어.	1. 이분법적 사고 2. 낙인 찍기 3. 독심술 오류 4. 예언자적 오류

스트레스 반응을 전부 썼으면 다음 질문을 해보자.

- 사고 모델을 파악할 수 있나?
- 어떤 종류의 인지오류가 가장 많은가?
- 부정적 자동적 사고는 감정, 신체 및 행위에 어떤 영향을 미쳤나?

여기까지 완성하고 나면 특정한 생각과 감정 사이의 연계가 보일 것이다. 보통 부정적 감정은 잠재적인 신념을 반영하는데, 이를 '스트레스(를 만드는) 관점'이라고 한다. 부정적 감정과 그에 대응하는 잠재적 신념은 아래 표를 참조하기 바란다.

감정-신념 대조표 1

부정적 감정	잠재적 신념
분노	불공평
불안	안전하지 않음, 제어 불가능
책망	고통의 근원에 대한 주목
증오	무언가로부터의 도피
좌절	기대에 미치지 못함
가책	스스로 요구하는 도덕 기준에 미치지 못함
슬픔	무언가를 잃어버린 느낌
괴로움	일어난 일을 받아들일 수 없음
원망, 불만	대가를 치러야 하는 고통
고독	충분한 주목과 관심을 얻지 못함
부끄러움	일이 잘못되면 망신을 당함
자책	타인보다 못함
난감	뭘 해도 소용없음
절망	뭘 해도 변하지 않음

'스트레스 대응 일기 1'에서 인지오류를 발견하고 식별했다면, 이제 교정과 개선을 시작해야 한다. 어떻게 해야 할까? 더 효과적인 방법은 무엇일까? 부정적 감정과 마찬가지로 긍정적이고 낙관적인 감정 역시 잠재적인 신념에서 비롯된다. 이런 신념을 '적응적 (반응을 일으키는) 관점'이라고 한다. 아래 표를 참조하라.

감정-신념 대조표 2

좋은(긍정적) 감정, 느낌, 품성, 의의	잠재적 신념
수용	일어난 모든 일을 받아들임
감사	가지고 있는 모든 것을 소중히 여김
깨달음	한계도 있고 잠재력도 있음
변화	만물은 변화하며 변하지 않는 것은 없음
연민	더 깊이 이해함
용기	공포에 대한 대응
자율	매일 자신을 잘 돌봄
용서	고통에 대한 자기치유
관대	유용한 부여
끈기	평온하게 더 많은 시간을 얻음
견지	꾸준함
전진	걸음마다 새기는 발자국
인내	사건 발생을 인정함
지혜	가능하다면 변화하고, 가능하지 않다면 받아들임

이제 위 표를 참고해 스트레스 대응 일기의 '적응반응' 부분을 완성할 수 있다. 좋은 감정을 먼저 적은 후 좋은 생각을 쓰면 된다. '스트레스 사건 1'에 대해 쓴다면 다음과 같다.

적응반응	
좋은(긍정적) 감정, 느낌, 품성, 의의	좋은(긍정적) 생각
수용 ……	1. 나는 일을 제대로 못하는 경우가 많지 않다. 2. 문제가 생겼으나 보완할 수 있다. 3. 지금부터 더 노력하면 된다. ……

스트레스 대응 일기를 쓰면서 자신에게 아래 질문들을 던지면 좋은(긍정적) 감정과 느낌을 유발하고 자신의 좋은(긍정적) 품성과 의의를 찾는 데 도움이 될 것이다.

- 무슨 일이 발생했나?
- 왜 이렇게 괴롭지?
- 발생한 모든 일은 진실한가?
- 이 일에 대한 내 인지가 정확한가? 인지오류는 없나? 있다면 어떤 종류의 인지오류인가?
- 즉각 결론을 내렸나?
- 증거는 무엇인가?
- 부정적인 면을 확대, 과장하지 않았나?
- 혹시 작은 일을 키우지 않았나?
- 이런 일이 발생했는지 어떻게 알았나?
- 대응 능력이 있나?
- 실제로도 보이는 것만큼 심각한가?
- 걱정이 도움이 되나?

- 내 생각과 반응은 어떤 도움이 되나?
- 시각을 바꿔 상황을 다르게 바라볼 수 있을까?

적응반응을 일으키는 적응적 관점을 발전시키고 싶다면 주변의 감사한 일을 알아차리는 능력을 키워보자. 감사할 가치가 있는 대상에 주목하면 사고를 무궁무진하게 확대할 수 있다. 내면에 감사함을 품고 사는 사람은 스트레스에 쉽게 휘둘리지 않는다. 장담컨대 감사는 일종의 '만능 대응법'으로, 특히 큰 스트레스 사건을 만났을 때 균형감을 잃지 않도록 도와준다.

스트레스 사건 2

"주차 위반으로 벌금을 내야 한다." 앞에서 배운 내용을 종합해 이 사건에 대한 스트레스 대응 일기를 쓴다면 오른쪽과 같다.

스트레스 대응 일기 훈련 정리

① 스트레스 사건이 일으키는 부정적 자동적 사고와 부정적 감정을 식별한다.

② 부정적 감정을 만드는 사고 모델(신념)과 부정적 신체 감각, 부정적 행위 사이의 관련성을 확인한다.

③ 편향적이고 왜곡된 자동적 사고는 문제해결에 전혀 도움이 되지 않음을 인지한다.

④ 확인한 각종 인지오류를 교정, 개선한다.

⑤ 부적절하고 부정적인 인지를 적절하고 긍정적인 인지로 대체한다.

스트레스 반응	신체 및 행위 경고 신호	땀, 안면홍조, 턱과 어깨 긴장, 자동차 핸들 두드리기, 평소 먹지 않던 패스트푸드를 먹고 아이스크림까지 먹기
	부정적 감정	분노, 좌절, 불안, 자책, 수치심, ……
	부정적 자동적 사고 (나쁜 생각)	1. 큰일 났네! 나한텐 왜 항상 이런 일만 생길까? 2. 차를 더 안전한 곳에 세웠어야지! 3. 주차비 좀 아끼려다가 돈을 더 많이 날렸네! 4. 사는 게 왜 이렇게 불공평한 거야? 5. 애들한테 너무 부끄러운 일이군. 6. 나는 주차 하나도 제대로 못하는 한심한 인간이야! ……
	인지오류	이분법적 사고, 당위적 사고, 완벽주의, 과일반화, 의미 축소, 예언자적 오류, 낙인 찍기, ……
적응반응	좋은(긍정적) 감정, 느낌, 품성, 의의	타협, 수용, 깨달음, 개운함, 감사, 통찰, 절약, 학습, 공평, 역량, 사랑, 자기연민, ……

	좋은(긍정적) 생각	1. 벌금만 부과되고 견인까지 되진 않아서 다행이야.
		2. 돈을 아끼려는 건 좋은 생각이었어.
		   대신 다음부터는 안전한 곳에 차를 세워야지.
		3. 여기에 차를 세우는 건 불법이니까,
		   공정하게 부과된 벌금이야.
		4. 벌금고지서를 받아서 기분 좋은 사람은 없겠지,
		   하지만 우리 시를 위해 세금을 냈다고 생각하자!
		5. 다음부턴 허락되지 않은 곳에는
		   절대 주차하지 말아야겠어.
		6. 잘못한 일에 벌금이 부과된 걸 두고 불평할 수는 없지.
		   아이들에게 잘못을 통해 깨닫는 모습을 보여줘야겠어!
		……

⑥ 교정과 개선 작업을 거친 후, 자신의 사고와 감정, 신체의 감각
   과 행위가 어떻게 변화했는지 살핀다.

스트레스 대응 일기를 몇 차례 작성해보면 아마 매번 등장하는 인
지오류나 사고 모델을 발견하게 될 것이다. 핵심은 편향되거나 왜곡
된 인지를 찾아내는 것이 아니다. 우리가 초점을 맞출 부분은 그런 인
지오류나 부정적 자동적 사고를 어떻게 교정하고 개선하는가, 어떻게
가장 적절한 적응반응을 발전시켜내는가 하는 것이다.

2. 좋은 일, 나쁜 일, 평범한 일 공유하기

적응적 관점의 능력(감지, 반응, 학습, 수용)을 향상하기 위한 것으로,
보통 30일짜리 표를 만들어 기록하면 좋다. 나는 우선 당신에게 발생
한 일들을 '좋은 일, 나쁜 일, 평범한 일'로 구분하기를 제안한다. 아래
사례로 이 세 가지를 어떻게 구분하는지, 어떻게 긍정적인 의미를 부
여하고, 나아가 매일의 일상에서 가치를 찾아내는지 이해할 수 있을
것이다. 이 훈련을 통해 우리 생활에 만연한 기본적인 인지편향, 즉
자신에게 일어나는 모든 일을 좋은 것과 나쁜 것 두 가지로 구분하는
오류를 개선할 수 있다.

최근 나에게 있었던 일을 예로 들어보겠다. 좋은 일로는 '점심시간
을 이용한 짧은 산책'을 들 수 있다. 이 일에서 나는 '휴식'이라는 긍
정적인 의의를 찾았다. 사무실 밖의 풍경을 둘러보면서 자연의 소리
를 듣고, 맑은 공기를 마시며 몸을 쭉 펴 스트레칭을 하니 기분이 그

렇게 좋을 수 없었다. 이런 적응적 관점으로 길러낼 수 있는 적응적 품성은 삶에 대한 깨달음과 선택이다.

물론 나쁜 일도 있었다. 얼마 전 주차장에서 한 초보운전자의 자동차가 내 차 뒤에 바짝 붙어 접촉사고가 났다. 이 일에서 내가 찾아낸 긍정적인 의의는, 나도 한때는 초보운전자였으며 운전을 배울 때는 원래 사고가 잦다는 사실이었다. 또 다행히 다친 사람이 없고, 앞으로는 그가 좀 더 조심해서 운전할 거라는 기대도 있었다. 이런 적응적 관점으로 길러낼 수 있는 적응적 품성은 인내, 위안, 감사, 희생이다. 나는 이 일에서 한 초보운전자가 학습하는 과정을 인내하고, 수리할 부분이 크지 않은 것을 위안으로 삼았으며, 아무도 다치지 않았음을 감사하고, 범퍼와 시간을 희생했다.

마지막은 평범한 일이다. 나는 어젯밤에 세탁물을 갰다. 아주 단조롭고 무미건조한 일이었지만, 머릿속을 비우고 옷을 개는 데 집중했더니 나도 모르게 심신이 이완되었다. 깔끔하게 정리된 옷들을 보고 있으면 기분이 좋아진다. 이런 관점에서 길러낸 적응적 품성은 일상의 활동에 더 집중하고 민첩해지는 것이다. 나는 세탁물 정리처럼 단순한 일도 이완과 집중을 도울 수 있음을 발견했다.

매일 저녁 귀가하면서 그날 있었던 좋은 일, 나쁜 일, 평범한 일을 생각해보자. 그 안에서 좋은(긍정적) 감정, 느낌, 품성, 의의를 찾을 수 있다. '일상 공유'는 그 내용을 가족이나 친구들과 함께 나누면서 완성된다. 그날 하루 있었던 좋은 일, 나쁜 일, 평범한 일을 서로 이야기하고 감상을 나눠보자.

아마 당신은 자신을 잘 알고 있다고 생각하겠지만, 사실 당신도 당신을 완전히 알지 못한다. 당신은 한 권의 책과 같아서, 그 안에 담긴 내용을 읽고 또 읽어야 한다. 당신은 누구인가? 무엇을 좋아하고, 무엇을 싫어하는가? 당신이 느끼는 희망과 공포가 모두 책 안에서 당신이 읽어주기를 기다리고 있다. 자신을 이해하는 일이 타인을 이해하기보다 더 쉽다는 생각은 착각일 뿐이다. 자신을 더 명확하게 이해하고자 시도하는 순간, 눈앞에 자욱한 안개를 헤치고 길을 찾아야 한다.

자신을 잘 알고 있다고 여길 때 잘못된 신념이 생겨나는 법이다. 자신을 대하는 방식이 편향되고 왜곡되었다는 사실을 인식조차 못하기에 그렇게 이상한 일들이 자꾸만 발생한다. 자신에 대한 인지오류가 발생하는 원인은 간단하다. 오만, 자랑, 비겁함, 소인배 같은 처세…… 이런 태도와 행동을 하는 타인을 좋아하는 사람은 없다. 그렇기 때문에 자신은 절대 그렇지 않다고 생각하는 것이다. 많은 사람이 동료나 주변 사람들의 불공정함이나 편견은 쉽게 알아차리면서, 자신 또한 그렇다고는 생각하지 않는다. 자신은 늘 예의 바르고 편견이 없는 사람이라고 생각한다. 그렇게 실제 모습을 은폐하고 자기보호를 형성하는 것이다.

무의식 속의 동기를 통찰하는 것만으로도 행복감을 키울 수 있다. 의식적인 목표와 무의식적인 동기가 일치하거나 균형을 이룰 때 행복감은 더 증대될 것이다. 쉽게 말해서, 진짜 자신과 틀어지지 않고 응어리진 것이 없어야 더 행복할 수 있다는 이야기다.

예를 들어보자. 열심히 일하면 부와 권력을 얻을 수 있지만, 이런 목표들이 진짜 자신에게 그다지 중요하지 않다면 노예처럼 일하지 않아도 된다. 가능한 한 생동감 있게 디테일을 살려 상상해보자. 지금 바라는 것을 모두 이

렀을 때, 당신은 정말 더 행복할까? 우리는 더 높은 목표에 도달하는 데 급급해 그 과정에서 겪어야 하는 모든 단계와 노력을 무시하곤 한다.

이완훈련은 우리가 두 가지 문제, 바로 편향적이고 왜곡된 인지와 자기보호를 극복하고 진짜 자신을 만나도록 돕는다.

스트레스를 해소할 수 있는 방법은 중요한 사람들에게 시간을 쓰는 겁니다.
특히 저는 가족과 시간을 보냅니다.
함께 저녁을 먹을 때, 이들은 저에게 현실을 깨닫게 하고
또 다른 관점에서 문제를 바라볼 수 있게 도와줍니다.

- 버락 오바마(미국 前 대통령) -

| 3장 |

감정을 갉아먹는 스트레스와 이별하기

- 감정 쓰레기 배출하기 -

H는 아홉 살배기의 엄마다. 그녀도 직장생활을 하지만, 항상 바쁜 남편을 대신해 거의 혼자 아이를 키우고 있다. 매일 출근하랴, 아이 돌보랴 눈코 뜰 새 없이 바빠서 하루가 어떻게 지나가는지도 모른다. 딸은 늘 말을 안 듣고 남편은 그녀의 이야기에 귀를 기울이지 않는다. 이런 상황이 길게 이어지면서 H는 점점 화가 쌓였고 걸핏하면 성질을 부렸다. 더 심각한 문제는 상대를 가리지 않고 폭력을 일삼기 시작한 것이었다. 화가 나면 손부터 들어 마구잡이로 남편을 때리고 심지어 아이까지 때렸다.

어느 날, H는 자신에게 문제가 있음을 인정하고 나를 찾아왔다. 그녀는 큰일이나 작은 일이나 치미는 화를 참지 못하는 것도 문제지만, 폭력적인 행동을 제어하지 못하고 이제는 습관으로 굳어진 것

같아서 괴롭다고 말했다. 나는 그녀에게 사람을 때릴 때 머릿속으로 무슨 생각을 하는지 물었다.

"생각이요? 아니, 그 순간에는 그냥 머릿속이 새하얀 공백 상태가 되는 것 같아요. 정신을 차리고 보면 주먹은 이미 나간 상황이고요. 그런 일이 있은 후에는 늘 후회해요."

하지만 아무리 후회해도 금세 또 언제 그랬냐는 듯 주먹을 휘두르기 일쑤였다. 폭행하기 전에 그녀를 덮친 첫 번째 부정적인 감정은 분노와 화고, 폭행한 후에 이어지는 두 번째 부정적인 감정은 후회와 자책이다. 이런 부정적 감정들은 그녀에게 연이어 두 차례 상처를 주었고, 본인은 물론이고 주변 사람들을 모두 괴롭혔다.

나는 H의 상황에 근거해 급성 스트레스 대응법을 최대한 자주, 많이 훈련하라고 당부했다. 목표는 사람을 때리려는 충동이 들 때, 효과가 있든 없든 이 대응법을 사용할 생각이 들게 하는 것이었다. 또 밤에 자려고 누웠는데 갑자기 낮에 있었던 스트레스 사건이 떠올라 감정이 심하게 요동치면 즉각 명상 훈련을 하도록 했다. 이외에 베개 치기, 종이 찢기 등 몇 가지 간단한 감정 배출 방법을 알려주었다.

일주일 후 두 번째 만남에서 H는 흥분한 목소리로 폭행 횟수가 절반으로 줄었다고 말했다. 특히 때리고 싶은 마음이 들 때마다 배운 대로 주먹 쥐기를 시도했는데, 몸에 힘이 빠지고 화가 누그러지는 효과가 있었다고 했다. 그녀는 원래 안 좋은 일을 떠올리면 화가 치솟는데 그때마다 명상 훈련을 했더니 화가 사라지고 마음이 훨씬 가벼워졌다. 같이 온 아이도 엄마가 많이 달라졌다고 말했다. 아이는 엄마가 주먹을 꼭 쥐는 모습을 볼 때마다 그녀가 노력하고 있다는 것을 알았다. 남편과의 소통도 훨씬 좋아졌다.

생각, 행동, 감정은 서로 긴밀하게 작용하며 영향을 미친다. H는 스트레스를 받거나 화가 나면 앞뒤 가리지 않고 반사적으로 사람을 때렸다. 이는 그녀의 뇌가 감정과 행동 사이에 형성한 연계였다. H에게 인지 재구조화는 효과가 거의 없었다. 사람을 때릴 때 머릿속에 아무 생각도 없었기 때문이다. 그녀는 그저 폭력을 감정 배출의 수단으로 삼아 부정적인 에너지를 소모했다. 이런 잘못된 감정 배출 방식 탓에 남편이나 아이와의 관계가 악화돼 정상적으로 소통할 수 없었던 것이다. 특히 아이는 반항심만 커졌다. 다행히 그녀는 자신의 감정 배출 방식이 잘못되었고 점점 제어하기 어려워지고 있다는 걸 깨닫고 나를 찾아왔다.

아마 H와 유사한 상황에 놓인 사람이 적지 않을 것이다. 부정적 감정을 제때 효과적으로 배출하지 못하는 사람들은 무작정 억눌러 참는다. 그렇게 아무렇지 않은 듯 넘겨놓고 시간이 흐른 후 느닷없이 화를 내고 물건을 던지고 폭력적인 행위를 한다. 분노의 크기가 일의 심각성과 정비례하지 않기 때문에 본인도 자신이 왜 그러는지 명확한 이유를 모른다.

부정적 감정을 과학적이고 효과적으로 처리하는 방법은 '배출, 전이, 승화'다. 이중 배출은 반드시 최우선해야 하는 과제다. 부정적 감정을 제대로 배출하지 않으면 부정적 에너지가 몸 안에 그대로 쌓여서 감당하기 어려워진다. 스트레스 상황에서는 주먹 쥐기, 심호흡 등을 통해 부정적 에너지를 조금씩 소모함으로써 가장 높이 치솟은 감정의 봉우리를 순조롭게 넘어가야 한다. 감정은 일회성이다. 감정의 발생과 지속은 모두 특정한 사건과 관련이 있으며, 일단 가장 높은 지점에 도달하면 다시 천천히 가라앉기 때문에, 그 순간만 잘 넘기면 자신과 타인에게 미치는 부정적인 영향을 줄일 수 있다.

한 번 스트레스 상황에 노출되었다면 과학적이고 효과적인 방법으로 감정이 남긴 쓰레기를 싹 비워야 한다. 부정적 감정이 지나갔으니 그냥 넘겨도 된다고 생각해선 안 된다. 시간이 해결해줄 거라고 생각한다면 너무 순진한 태도다. 감정 쓰레기는 당신 안에 쌓이고 쌓여 결국 건강을 해친다.

단, 감정 배출은 절대 타인을 향해서는 안 된다. 부정적 감정을 쏟아내는 대상이 사람이어서는 안 된다. 우리는 부정적 에너지를 내보내는 행위에 더 초점을 맞춰야 한다. 화가 났을 때, 바로 나가서 조깅을 하는 것도 좋은 방법이다. 조깅은 주의력을 전이하고 에너지까지 소모한다. 베개 치기나 종이 찢기 같은 간단한 방법들 역시 같은 효과를 얻을 수 있다.

∞∞∞∞∞∞∞∞ 해바라기 이야기 <08> ∞∞∞∞∞∞∞∞

고3 학생 I는 현재 학교 기숙사에서 살고 있다. 학교 주변은 전부 논밭이어서 수업이 끝나도 공부 말고는 할 수 있는 것이 없다. 이 때문에 스트레스가 많았던 I는 고3이 되면서 입시 스트레스까지 더해져 마음에 분노와 불안이 가득했다. 수면의 질도 떨어지고 교우관계도 별로 좋지 않았다.

나는 매일 규칙적으로 물거품 명상을 하도록 했다. I는 2주에 한 번씩 베이징으로 와서 나를 만났는데, 여간 고된 여정이 아니었다. 다행히 4주 만에 큰 변화가 보였다. 그동안 끈질기게 I를 괴롭히던 부정적 감정이 눈에 띄게 줄어들었고 수면의 질도 개선되었다.

부정적 감정 쓰레기를 어느 정도 내보낸 후, 우리는 인지 재구조화를 시작했다. I는 금세 자신에게 보상 요구 등 몇 가지 인지오류가 있다는 사실을 알아차렸다. 한동안 스트레스 대응 일기를 쓰고 나서 마침내 성적과 등수에 얽매인 곤혹스러운 상황, 수학 선생님에 대한 혐오에서 벗어났다.

이완훈련은 특히 학생집단에서 효과가 빨리 나타나고 수준도 높다. 젊을수록 심신 회복력이 뛰어나고 제어력도 강한 편이기 때문이다. 학생들은 입시를 준비하면서 오랫동안 학업 스트레스에 시달리고, 무엇보다 사춘기라는 아주 특별한 생리적 단계를 거치고 있다. 그래서 나는 학생집단을 스트레스 고위험군으로 분류한다. 이들은 규칙적인 이완훈련으로 감정 쓰레기를 그때그때 비우는 작업이 꼭 필요하다.

부정적 감정을 만드는
2가지 요인

감정은 뇌가 만들어내는 마음과 몸의 상태로, 우리는 다양한 감정을 통해 여러 가지 이점을 얻을 수 있다. 부정적인 감정도 우리가 상처받지 않게 보호하는 기능을 한다. 감정은 의식적일 수도 있지만, 완전히 무의식적이어서 감지하지 못하는 경우도 많다. 그래서 어떤 때는 자신이 감정에 끌려다니고 있음을 전혀 모르기도 한다. 부정적인 감정에 가장 잘 대응하는 방법은 배출, 전이, 승화다. 먼저 배출한 후에 전이와 승화 단계로 넘어가야 한다.

1. 부정적 감정은 전염된다

우리 뇌에서 부정적 감정이 만들어지고 확대되는 과정에 관여하는 부위는 뇌 피질과 편도체다. 어떤 이미지나 생각을 해석해서 불안, 공포, 걱정 등의 감정이 커졌다면 이는 뇌 피질에서 형성된 부정적 감정이다. 뇌 피질은 부정적 감정을 만들어내지만, 실제로 위험이나 위협 요소는 존재하지 않는다.

예를 들어보자. 어느 날 강아지와 산책하던 J는 소방차 한 대가 자기 집 방향으로 빠르게 달려가는 모습을 보았다. 그 순간 그는 집에 불이 난 것이 틀림없다는 생각과 함께 큰 불안에 휩싸였다. 이는 그의 뇌 피질이 방금 본 장면을 '집에 불이 났다'로 해석한 결과다. 사실 J의 집에, 아니 다른 누구의 집이라도 불이 났다고 생각할 만한 근거는 전혀 없다. 단지 소방차가 빠르게 달려가는 모습을 봤을 뿐인데도, 다른 가능성은 전혀 고려하지 않고 무조건 자기 집에 불이 났다고만 생각한 것이다.

J의 좌뇌는 집안 어디선가 불이 시작되었을 가능성을 빠르게 고려하기 시작했다. 가스를 잠그지 않았나? 아니, 낡은 전기선이 합선됐을 수도 있어……. 동시에 우뇌는 연기가 자욱한 주방을 상상하고, 편도체는 이런 생각과 이미지들에 반응했다. 아마 그는 황급히 집을 향해 뛰어갔을 것이다.

1) 일상 훈련

- 생각 치환: 부정적 감정을 일으키는 생각이 들면 즉각 이를 적응적 관점으로 교체해야 한다. 오른쪽 표를 참조하라.
- 생각 멈춤: 예를 들어, 정원에서 일해야 하는데 뱀이 튀어나올까 봐 신경이 쓰여 일을 제대로 할 수 없다면, 우선 자신에게 "스

생각 치환 훈련

부정적 감정을 유발하는 관점	적응적 관점
해봤자야, 나는 지금껏 뭐 하나 잘된 게 없어.	한번 해보지 뭐, 적어도 완수할 기회는 있잖아!
나쁜 일들이 생길 거야…… 그런 느낌이 들어.	무슨 일이 일어날지 누가 알겠어? 이런 기분이 항상 정확한 건 아니야!
지금 드는 의심과 불안을 그냥 넘기면 안 돼.	뇌 피질아, 일 좀 그만해. 좀 쉬라고!
내가 모든 일을 도맡아 훌륭하게 완성해야겠어!	완벽한 사람은 없어. 나는 보통 사람이고 실수를 할 수도 있지.
모두가 나를 좋아해야 해.	모두에게 사랑받는 사람은 없어. 살면서 날 좋아하는 사람도, 싫어하는 사람도 만날 수 있지.
나는 견딜 수 없어.	세상이 끝난 것도 아니잖아. 계속 열심히 살아야지!
그 일에 대한 걱정을 멈출 수가 없어.	걱정한다고 무슨 일이 되겠어. 기분만 더 나빠지지.
다른 사람들을 실망시키고 싶지 않아.	모든 사람을 만족시킬 수는 없어. 그러려면 아마 나부터 쓰러질걸. 그냥 넘어가자!
나는 이런 상황을 제어할 수 없어.	할 수 있는 일은 잘 해낼 자신이 있어, 상황 전체를 완벽하게 제어하지는 못하더라도 말이야.

톱!"이라고 말하자. 그런 다음 다른 생각이나 일을 해서 주의를 다른 데로 옮겨야 한다. 지금 심는 꽃의 이름과 꽃말을 생각하거나 좋아하는 노래를 흥얼거리는 식이다. 어렵지 않고 익숙한 것, 기분이 좋아지는 일들이어야 한다. '생각 치환' 훈련과 병행해서 '내가 통제할 수 없는 상황이야!'를 '쉽지는 않겠지만, 할 수 있

어!'로 바꾼다면 효과가 더 좋을 것이다.

- 감정 채널 전환: 습관적으로 불안해하는 사람이라면 자신의 뇌 피질을 '텔레비전'이라고 상상해보자. 당신은 이 텔레비전에 있는 수백 개의 채널 중 늘 자신을 불안에 떨게 만드는 채널만 선택하면서도, 정작 그 사실을 모르고 있을 가능성이 크다. 어쩌면 알고 있지만 좀처럼 채널을 바꾸지 못하는 상태일 수도 있다. K는 최근 취업 면접을 마치고 나오면서 무척 만족했다. 그러나 자신이 했던 답변들을 계속 곱씹다 보니 면접관들이 자신을 어떻게 보았는지, 혹시 자기 생각과 달리 면접 결과가 좋지 않게 나오는 건 아닌지 걱정되기 시작했다. 불안과 걱정은 점점 더 커져서, 이번뿐 아니라 앞으로도 취업이 어려울 것 같다는 비관적인 생각마저 들었다. K의 진짜 문제는 면접이 아니라 불안 채널이다. 아마 다음 면접을 준비하는 채널로 바꿨다면 훨씬 긍정적으로 상황에 대응할 수 있었을 것이다. 채널을 전환하는 가장 간단한 방법은 생각의 초점을 과거에서 미래로 옮기는 것이다. 이외에도 주의력 분산, 유머감각 동원 등 여러 가지 방법을 사용할 수 있다.

2) 추천 이완훈련

명상 훈련은 머릿속을 가득 채운 생각들을 다스리거나 강화하는 방법이다. 명상은 당신이 어지럽고 모호한 생각 습관에서 벗어나 마음과 몸의 긴장을 풀고 긍정적인 감정을 키울 수 있도록 도와줄 것이다.

- 부정적(비관적) 감정을 다스리는 명상 훈련: 각종 부정적(비관적) 감정을 녹여 제거하는 방법으로, 평소에 정신을 어지럽히는 갖가

지 생각들로 머릿속이 포화 상태인 사람들에게 적합하다. 특히 자기 전에 생각이 너무 많아서 잠들지 못하는 사람에게 추천한다. 평안하고 고요한 마음이 적어도 10분 이상 지속될 수 있도록 충분히 시간을 갖고 훈련해야 한다. 부정적(비관적) 감정이 출현하거나 스트레스 사건을 겪은 후 즉각적으로 하지 말고, 나중에 여유 있을 때 하는 편이 좋다. 매회 적어도 20분은 훈련하라.

• 긍정적(낙관적) 감정을 강화하는 명상 훈련: 용기를 북돋고 감사와 너그러움을 느끼게 하는 긍정적(낙관적) 감정을 식별한다. 식별해낸 긍정적인 감정을 더 강화하면 현실의 삶이 주는 고통에서 벗어나 더 건강한 사고와 평온하고 안정적인 삶을 향해 나아갈 수 있다.

명상 훈련은 아침식사 전에 하루의 시작으로, 귀가 후에 하루의 마무리로 할 수 있다. 보통 명상 훈련을 하면 비교적 빠른 속도로 마음을 차분하게 가라앉힐 수 있다. 유독 생각이 많고 어지러울 때는 여러 차례 반복한다. 훈련 횟수가 늘어나야 원하는 상태에 진입할 수 있으니, 도중에 그만두지 말고 꾸준히 함으로써 평정심을 찾기 바란다.

3) 미니 훈련

• 이공기술을 이용한 감정 처리: 베이징중의약대학 류톈쥔(劉天君) 교수의 이공기술(移空技術)은 중국 고대 불교와 도교의 수련법을 이용한 마음챙김 방법이다. 상상 속에서 현재 자신을 괴롭히는 감정, 기억, 경험을 하나의 사물로 지정하고, 그것을 금고나 캐리

어 같은 저장체에 집어넣는다. 그런 다음 역시 상상 속에서 이 저장체를 최대한 멀리 가져가서 버리고 돌아옴으로써 심신장애를 완화, 제거하는 것이다. 귀갓길 지하철이나 버스에서도 이 방법으로 하루의 감정 쓰레기를 비울 수 있다.

• 물거품 명상을 이용한 훈련: 호수 바닥에 편안하고 조용히 앉아 있다고 상상해보자. 곧 자기 주변에 커다란 물거품들이 천천히 떠오르는 모습이 보일 것이다. 이때 의식의 흐름을 명상하며 생각과 감정을 느껴본다. 하나의 물거품이 물 밖으로 완전히 빠져나가면 또 다음 물거품을 기다린다. 물거품이 몇 개씩 떠오르겠지만 명상을 계속하면 자연스레 사라지고 머릿속이 '텅 빈 상태'가 될 것이다. 이 상태에 도달할 때까지 훈련을 반복한다. 잠들기 전에 하루의 감정 쓰레기를 비우고 수면의 질을 개선할 수 있는 훈련법이다. 다만 원래 물 공포증이나 불안장애가 있는 사람, 물속에서 불편함을 느끼는 사람에게는 적합하지 않다.

2. 이유 없이 욱하는 순간

분명히 부정적인 감정이 출현했지만 명확한 원인을 알 수 없고 논리가 부족하다면, 이는 편도체가 만든 것이다. 이런 부정적 감정은 당황이나 어지러움, 현재 상황에서 도망치고 싶거나 누군가를 공격하려는 충동 등 몸과 마음의 불편감으로 드러나는 경우가 많다. 특히 급성 스트레스 사건이 발생하면 편도체에 직접 작용하는 방법을 사용해야 부정적 감정을 완화할 수 있다.

추천 이완훈련

• 주먹 쥐기: 일상생활 중 언제 어디서든 할 수 있고 시간 제약도
  없다. 주로 급성 스트레스 사건에 대응하는 미니 훈련이다. 심신
  이 긴장하고 불편감이 확실히 느껴진다면 주먹 쥐기로 즉각적인
  효과를 얻을 수 있다. 스트레스 상황에서 불안이나 공포 같은 감
  정 표현이 두드러진다면 주먹 쥐기가 적합하다. 일반적으로 심신
  살피기는 평소 훈련용으로, 주먹 쥐기는 급성 스트레스 대처용으
  로 사용하라고 안내한다. 주먹 쥐기는 일종의 적응 훈련으로, 처
  음에 심신 살피기가 어려운 사람은 주먹 쥐기로 먼저 충분히 적
  응한 후에 심신 살피기를 하면 좋다.

◇◇◇◇◇◇◇◇◇ 해바라기 이야기 <09> ◇◇◇◇◇◇◇◇◇

명문 고등학교에 다니는 L은 심각한 공황발작으로 나를 찾아왔
다. 그는 학교 식당에서 음식을 제대로 삼키기 어렵고, 교실이나 강
당처럼 사람이 많이 모인 곳에서는 숨도 잘 쉬지 못해 질식할 것 같
았다. 운동장에서 체조를 할 때도 언제든 쓰러질 듯 위태로웠다. 그
래서 벌써 1년째 휴학 중이었고, 약물치료를 계속하고 있었다.

나와 함께 이완훈련을 시작했을 때, 그는 5분도 견디지 못하고
무너졌다. 한동안 적응 과정을 밟은 후 훈련 시간을 5분에서 10분,
15분으로 점차 늘렸고, 약 30분이 소요되는 한 세트 훈련을 완수하
는 수준까지 발전했다. 당연히 약물치료도 중단했다. L은 1년 동안
꾸준히 이완훈련을 계속한 후에 다시 학교로 돌아갔다.

처음에는 여전히 적응이 쉽지 않았지만, 천천히 차츰차츰 학교에

적응했고, 순조롭게 중간고사를 치렀으며 좋은 성적까지 받았다. 하루는 지각해서 선생님에게 혼나는데 감정이 요동치고 불안정해지는 느낌이 들었다고 한다. 이때 그는 훈련한 대로 주먹을 꼭 쥐어서 감정을 제어했다. 그는 나중에 내게 이 일을 이야기하면서, 주먹 쥐기가 효과는 좋지만 너무 뚜렷하게 보이는 동작이라 꼭 싸우려는 것처럼 보일 수도 있어서, 앞으로는 다섯 발가락에 힘을 줘서 땅을 움켜쥐듯 오므리기로 했다고 말했다.

L은 점점 자신감과 용기가 생겨 자신을 있는 그대로 받아들이게 되었다. 공황발작 증상과 더불어 함께 살아가면서 특별히 신경 쓰지 않고 자연스럽게 생활하기로 했다. 그는 내게 하루라도 이완훈련을 하지 않으면 온몸이 불편한 느낌이라고 했다.

무엇보다 나를 기쁘게 한 것은, 그가 스스로 자신의 문제를 해결할 뿐 아니라, 주변 친구들의 스트레스 상황까지 살피며 돕게 되었다는 사실이다. 지금 그는 햇빛을 바라보는 해바라기인 동시에 긍정적인 에너지를 뿜어내는 밝은 해가 되었다.

스트레스로
폭발할 것 같을 때

화가 머리끝까지 난 채로 메일을 쓰고 씩씩거리며 '보내기' 버튼을
누르는 순간, 손가락을 떼기도 전에 방금 왜 그렇게 감정을 가라앉히
지 못했는지 후회한 적이 있는가? 길고 긴 하루를 마치고 파김치가
되어 귀가해서는 별것도 아닌 일로 가족과 싸운 일이 있는가?

기억하자. 우리는 이미 일어난 상황을 바꾸지 못한다. 다만 상황에
대한 태도와 반응을 바꿀 수 있을 뿐이다. 급성 스트레스 사건에 노출
되었다면 '멈춤-호흡-생각-선택'을 떠올려라. 이 프로세스가 당신이
지금껏 해온 습관적인 스트레스 반응 대신 적절한 적응반응을 내놓을
수 있도록 도와줄 것이다.

- 멈춤: 1초, 10초…… 1분, 반응을 잠깐만 멈춰보자.
- 호흡: 이완반응을 유도하는 미니 훈련을 시작한다. 복식호흡, 주

먹 쥐기 등이 적합하다.

- 생각: 지금 자신에게 대체 무슨 일이 발생했는지 생각하자. 실제 상황은 어떤가? 생각은 현실에 부합하나? 관련된 사람들의 생각은 어떤가?
- 선택: 어떤 반응을 내놓아야 하는지, 무엇이 더 좋은 반응인지 선택해야 한다. 상황에 대한 감정 반응은 배제하고 자신에게 물어보자. 이 반응은 현재 상황에 도움이 될까? 나를 더 편안하게 만들어줄까? 스트레스가 줄어들까? 나를 돕는 반응인가, 아니면 다른 사람을 돕는 반응인가?

하루에도 여러 번 '멈춤-호흡-생각-선택' 프로세스를 훈련해서 스트레스 반응을 줄일 수 있다. 특히 감정 반응이 과하고 신체 반응이 명확한 사람, 예를 들어 공황장애가 있는 사람이라면 평소에 최대한 많이 연습해서, 실제로 사용해야 할 때 갑자기 생각나지 않거나 당황하는 일이 없도록 해야 한다.

추천 이완훈련

- 복식호흡: 급성 스트레스 사건에 노출되었을 때 적절하게 대응하기 위한 훈련 방법이다.
- 신체 반응 훈련: 신체 불편감이 뚜렷한 상황에 적합하다. 훈련할 때마다 머리, 심장, 위 등 각 부위의 불편감에 주목하자.

M은 3년 전에 공황발작을 처음 겪었다. 다리가 풀리고, 심장이 빨리 뛰고, 손이 마비되는 느낌 등의 증상으로 일을 제대로 하기 어려워서 결국 자기가 창업한 회사를 포기했다. 그는 매일 집에 웅크린 채 두려움에 떨면서 밖에서 무슨 소리만 나도 흠칫흠칫 놀라며 하루하루를 보냈다. 3년 가까이 온갖 치료 방법을 다 써보았고, 약물치료도 계속했다.

이후 나를 찾아온 그는 호흡 살피기와 주먹 쥐기 등 몇 가지 이완 훈련법을 배워 공황발작이 일어날 때 효과적으로 사용했다. 물론 그도 처음 심신 살피기를 시도했을 때는 신체 불편감이 너무 명확해서 제대로 하기 힘들었다. 두 달이나 주먹 쥐기를 훈련한 후에야 심신 살피기가 가능해졌다. M은 또 부정적인 감정 반응을 일으키는 자극에 단계적으로 노출되는 '점진적 노출'을 통해서 자극에 덜 민감해지는 '둔감화(desensitization)'를 진행했다.

처음 만났을 때 완전히 낫게 해줄 수 있냐고 몇 번이나 되묻던 그는 이제 이완훈련 전도사가 되었다. 그의 상태는 앞으로 점점 더 좋아질 것이다. 약물에서 완전히 벗어날 날도 머지않았다.

일상생활에서 불가피한 스트레스를 계속 회피하는 것은 너무 소극적인 대응이다. 부정적인 감정을 유발하는 스트레스원을 회피할수록 공포와 불안 감정이 더 커지는 악순환에 빠져들게 된다. 어떻게든 건강을 회복하면 부정적 감정이 완전히 사라질 거라고 믿고 약물치료에 의존하는 사람들도 있다. 하지만 진정한 회복이란 자기 상태를 받아들이고, 급성 스트레스 상황이 발생했을 때 효과적으로 대응할 힘을 기르는 것이다. 증상들과 공존하는 방법을 찾아야지, 신체 불편감과 부정적 감정을 완전히 제거할 방법을 찾아서는 안 된다. 증상이나 발작을 두려워하지 않게 될 때, 그것이 더 이상 존재하지 않는다는 느낌을 받을 것이다. 문제, 증상, 발작이 전혀 없는 상태로 되돌아갈 수는 없다. 하지만 그것들이 당신의 건강한 생활에 영향을 미치지 않게는 할 수 있다.

어떤 사람들은 감정 발작을 유발하는 환경, 소리, 냄새, 사람 등에 매우 민감하다. 처음에는 한 가지 소리에만 유독 예민하다가 나중에는 유사한 소리에까지 그렇게 된다. 이럴 때는 반드시 민감성을 낮추는 조치가 필요하다. 급성 스트레스 사건이 발생했을 때, 문제를 해결하는 관건은 자기만의 대응 무기가 있는가, 둔감화를 진행할 수 있는가, 그리고 탈자동화(deautomatization, 습관적이고 자동적인 생각, 감정, 행동에서 벗어나 각종 자극에 주의를 기울이고 자각하는 것)가 가능한가다.

① 좋아하는 음악 듣기

음악은 기분을 개선하는 효과가 있다. 연구에 따르면 10분 정도 좋아하는 음악을 듣는 것만으로 부정적 감정이 사라지고 혈압과 심박동수가 내려가며 코르티솔이 줄어든다고 한다.

② 감정 해소하기

20분 정도 감정에 따라 행동하는 시간을 갖는 것도 나쁘지 않다. 달걀을 깨고 주먹으로 베개를 내리치거나 종이를 잘게 찢는 등 조금은 무질서한 행동도 상관없다. 다만 반드시 안전한 방법이어야 하고, 타인에게 피해를 줘서는 안 된다.

③ 체력 키우기

팔 벌려 뛰기나 빨리 걷기 등 단순한 운동을 꾸준히 하는 것만으로도 체력을 키울 수 있다. 체력은 긍정적 감정과 관련이 크다. 에너지가 충만한 느낌은 기분을 더 좋게 할 것이다.

④ 맛있는 음식 먹기

감정을 개선하고 스트레스를 완화하는 효과적인 방법이다. 시간이나 비용을 많이 들일 필요는 없다. 그저 맛있는 음식에 주목하기만 해도 어느 정도 효과를 볼 수 있다. 새콤한 포도 한 송이, 달콤한 바닐라 아이스크림을 먹거나 취향에 맞는 커피 향을 맡으면 금세 기분이 좋아질 것이다.

⑤ 사람 만나기

우울할수록 누군가와 대화를 나눠야 한다. 마트의 판매사원과 짧게 이야기하는 것만으로도 기분이 훨씬 나아질 수 있다. 슬프고 괴로운 감정이 든다면 당장 일어나서 사람들을 만나고 이야기를 나누자. 원래 내향적인 사람도 타인과의 관계 속에서 힘을 얻기 마련이다.

⑥ 중요한 사람에게 전화하기: 누구에게나 기분을 좋게 하는 사람이 있다. 배우자, 부모, 형제, 친구들에게 전화해서 긍정적인 에너지를 얻을 수 있다.

⑦ 햇빛 받기: 햇빛 아래에 있으면 기분이 좋아진다. 흐린 날이라도 밖으로 나가자. 실외에 있는 것만으로 기분이 나아지고 에너지가 생길 것이다.

⑧ 할 일 해치우기: 우울하면 만사가 귀찮아진다. 그럴수록 일어나서 해야 할 일들을 처리하자. 계속 미뤘던 메일을 작성하고 발송하는 그 5분 만에 우울감이 어느 정도 완화될 것이다. 무엇보다 할 일이 하나 줄어들었다는 느낌이 좋다.

⑨ 타인을 위해 일하기: 기분이 가라앉으면 보육원에 봉사하러 가는 친구가 있다. 그녀는 봉사하면서 자신의 가치를 깨닫고 타인을 위해 봉사할 수 있음에 감사한다. 무엇보다 자신이 느끼는 고통은 아무것도 아니라는 생각이 든다고 한다.

⑩ 청소, 정리하기: 질서 있게 정리된 환경은 내면을 평온하게 만든다. 무력감이나 우울감을 느껴진다면 책상, 옷장, 주방 등을 정리해보자. 기분이 나아지고 예상치 못한 창의성이 샘솟을 수도 있다. 쓸모없는 물건을 버리는 행위 역시 감정을 배출하는 방법이다.

스트레스를 잘못 해소하는 7가지 방법

현대인에게 스트레스란 피할 수 없는 존재와 같다. 사람들은 끊임없이 스트레스에 시달리고 끊임없이 스트레스에서 벗어나기 위해 다양한 시도를 한다. 하지만 잘못된 시도는 오히려 스트레스를 더욱 고착화시키고 스스로를 힘들게 만든다. 허핑턴 포스트의 수석 편집자로 정신 건강에 대한 다양한 글을 기고하는 린제이 홈스는 많은 사람들이 잘못 시도하는 7가지 스트레스 해소법에 대한 기사를 써 공감을 얻은 바 있다. 그 7가지 방법은 다음과 같다.

① 문제를 피하고 미룬다.
② 잠자리에 너무 늦게 든다.
③ 수동적인 삶을 산다.
④ 친구에게 하소연한다.
⑤ 소셜미디어에서 출구를 찾는다.
⑥ 쇼핑을 간다.
⑦ 충동적이다.

스트레스는 주로 당신이 통제할 수 있는 것에 대해 조치를 취하지 않는 데서 발생합니다.
문제를 인식하는 순간 바로 전화를 걸거나, 이메일을 보내거나
그 문제를 해결하기 위해 우리가 할 일이 무엇이든, 설사 해결되지 않더라도
문제를 해결하고 있다는 단순한 사실만으로도 발생할 수 있는 스트레스는 크게 줄어듭니다.

- 제프 베조스 (아마존 CEO) -

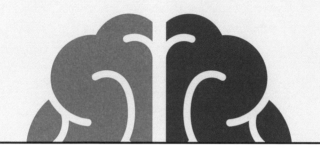

4장

긍정심리학의 힘

- 긍정적 감정 깨우기 -

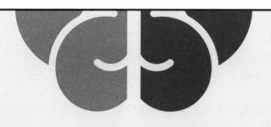

열아홉 살인 N은 중학교 다닐 때 극심한 학업 스트레스로 우울증이 생겨 1년을 휴학하며 약물치료를 받았다. 다시 학교로 돌아가서 졸업하고 고등학교에 입학했지만, 우울증이 재발해 다시 1년간 휴학했다. 우울증은 전교 1등을 놓치지 않던 모범생을 나태하고 무기력한 아이로 바꿔놓았다. 처음 만났을 때, 나는 그녀의 웃음 속에서 고통을 느꼈다.

반년 동안 기초 과정을 거친 후, N은 다시 학교로 돌아갔고 월말고사에서 2등이라는 좋은 성적을 거뒀다. 이후 나는 향상 과정을 시작해 그녀가 스스로 긍정적인 감정을 찾을 수 있도록 도왔다. 마침내 '희망'이라는 긍정적 감정에 도달했을 때, 우리는 함께 기쁨의 눈물을 흘렸다. 지방에 사는 그녀는 한 달에 한 번 나를 만나러 올 때마다 밤새 기차를 탔다. 대면 치료만으로는 부족해서 집에서도 꾸준히 훈련을 했다. N의 어머니는 매일 훈련 상황을 기록해서 정기적으로 나에게 보냈고, 딸과 함께 직접 훈련하기도 했다.

향상 과정의 '이상적 자기(ideal self)' 훈련이 그녀에게 큰 도움이 되었다. 매일 아침, 집을 나서기 전 거울을 보면서 "나는 예쁘다!"라고 말하기로 했는데, 이 말은 그녀가 직접 고른 것이었다. 얼마 후 그녀의 어머니는 아이가 실제로 점점 예뻐지고 있으며, 가장 예쁜 나이답게 환하게 웃는 모습을 종종 보여준다고 알려왔다.

SMART-C 프로그램의 모든 훈련은 기초 과정과 향상 과정으로 나뉜다. 기초 과정은 구체적인 문제, 예를 들어 부정적 감정, 불면증, 인지오류, 잡생각 등에 대응하는 훈련으로, 이런 기본적인 문제들을 해결한 후에 향상 과정에 들어갈 수 있다. N이 주로 한 기분 좋은 느낌 찾기, 이상적 자기 훈련은 모두 향상 과정에 속한다. 자신의 장점과 소질, 잠재력을 발굴하고 적극적으로 긍정적인 감정을 유발해야만 더 나은 생활을 할 수 있다.

◇◇◇◇◇◇◇◇◇◇ 해바라기 이야기 <12> ◇◇◇◇◇◇◇◇◇◇

O는 박사과정 3년차 학생이다. 그녀는 곧 있을 직장생활에 적응하기 위해 미리 한 회사의 인턴으로 일하는 중이었다. 워낙 업무 능력이 뛰어나고 성격도 좋아서 상사와 동료들의 신뢰를 받았다. 겉으로 보기에는 그랬다.

처음 나를 찾아왔을 때, O는 부모님이 미는 휠체어에 탄 채로 진료실에 들어왔다. 극도로 분노한 상태에서 옆에 있던 의자를 걸어차

발가락이 골절되었다고 했다. 의사는 수술해도 발가락이 완전히 회복되기는 어렵다고 말했다. 이 일로 주변 사람들은 모두 놀라고 가슴 아파했지만, 정작 본인은 아무 생각이 없었다. 그녀는 몇 차례 좌절을 겪으면서 우울증이 생겼고, 감정을 제어하기 어려워지면서 자해하기 시작했다고 털어놓았다.

우리는 심신 살피기를 훈련한 후, 이어서 공감 능력 훈련을 시작했다. 첫 공감 능력 훈련 후, O는 침대에서 일어나 자기 발을 쓰다듬으면서 작은 목소리로 말했다. "정말 미안해, 이렇게 큰 상처를 입게 해서⋯⋯." 그날 이후 자해 행위는 완전히 사라졌다. 공감은 매우 강력하며 긍정적인 감정이다. 공감 능력 훈련은 자신과 타인에 대한 공감을 모두 포함한다.

'긍정적인 감정을 찾기 위해' 전문가의 도움을 구하는 사람은 없다. 적어도 첫 번째 이유는 아니다. 대부분은 지금 자신을 괴롭히는 문제들을 해결하기 위해서 전문가를 찾는다. 그런데 과거와 현재의 감정 쓰레기를 비우고 나면, 어느 순간 정체해서 앞으로 나가지 못하는 느낌을 받게 된다. 과거와 현재의 문제는 분명히 해결되었는데, 이제 어떻게 해야 더 나은 미래로 나아갈 수 있을지, 어디서 그 동력을 얻을지, 마치 길을 잃은 듯한 기분이 드는 것이다.

따라서 지금 괴로운 문제를 해결하는 동시에 앞으로 나아갈 수 있는 원동력, 예컨대 자질, 성격, 흥미, 취미 같은 걸 찾아야 한다. 이런 요소들은 원래 자신에게 있는 것으로, 배워서 얻는 것이 아니다. SMART-C 프로그램의 기초 과정은 과거와 현재의 문제들을 해결하고, 향상 과정은 더 나은 미래를 향해 걸어가도록 돕는다.

긍정적 감정을 만드는 7가지 방법

1. 기분 좋은 느낌 찾기

10분 정도 시간을 내서 기분이 좋아지는 느낌 20개를 생각하거나 종이에 써보자. 어떤가? 익숙한 감각을 정확하게 표현할 수 있나? 묘사가 정확한가? 샤워한 후의 개운한 느낌, 모닥불 앞에 앉았을 때의 따뜻한 느낌, 사랑하는 사람과 입맞춤할 때의 느낌…… 이런 식으로 20개를 완성하면 된다. 한 문장으로 표현해도 되고, 상황 전체를 묘사해도 좋다.

'기분 좋은 느낌 찾기'는 언어로 그런 느낌을 표현하는 훈련이다. 기분이 좋아지는 느낌에 주목하면 그런 경험도 더 많아진다. 바닐라 아이스크림을 먹을 때, 아기의 손을 잡았을 때, 아름다운 악기 소리를 들었을 때…… 기분 좋은 느낌을 발견할 때마다 말로 정확하게 표현하며 이름을 붙여보자. 그럴수록 세상에 자신을 기분 좋게 하는 느낌이 얼마나 많은지 깨닫게 될 것이다. 언어의 영향은 우리가 생각하는 것보다 훨씬 크다. 언어는 사람 사이의 소통과 교류에 사용될 뿐 아니라 그 사람의 기억, 심리, 감정 조절에도 중요하게 작용한다.

◇◇◇◇◇◇ 해바라기 이야기 <13> ◇◇◇◇◇◇

혈기 왕성한 청년 P는 부조리나 불의를 보면 크게 분노한다. 교통신호를 위반하거나 새치기를 하는 사람들은 늘 그를 화나게 한다. 그렇다 보니 그는 대부분 종일 화가 난 상태다. 분노를 해결하지 못해서 수면장애까지 생겼다.

나는 그가 기분이 좋아지는 느낌을 찾을 수 있도록 도왔다. 그가 찾아낸 것 중에 약용 비누가 있었다. 실제로 화가 날 때 그 비누향을 맡으면 마음이 빠르게 안정되었다. 베개 아래 약용 비누를 넣어두었더니 잠도 잘 와서 더 이상 수면장애로 고생하지 않았다. 나중에는 아예 비누를 하나 가지고 다니면서 감정이 요동친다 싶으면 꺼내 향을 맡았다. P는 처음 이 방법을 배우고 3일 만에 효과를 보았으며, 지금까지 1년여간 크게 분노하거나 화를 못 이겨 괴로워한 적이 없다.

이완훈련은 P의 다른 문제들도 개선했다. 그는 장인장모와의 관계가 어색해서 처가 방문이 늘 스트레스였는데, 이완훈련을 시작한 후 상대방의 생각을 이해하게 되면서 사이가 좋아졌다. '지금 여기 식사에 집중하기(5장 참조)' 훈련 후, 그는 결혼 3년 만에 처음으로 아내가 해준 음식을 맛있게 먹었다고 말했다.

긍정적인 감정과 기분 좋은 느낌을 기억하고 선택하는 데 도움이 되는 것은 언어뿐만이 아니다. 후각, 청각, 촉각, 시각 등도 큰 영향을 미치는데, 연구에 따르면 특히 후각에 대한 자극이 가장 빠르고 선명하다. 나는 비 온 뒤의 잔디 냄새를 좋아한다. 물에 젖은 흙냄새가 밴 잔디 냄새는 언제라도 마음을 안정시켜준다. 하지만 언제 어디서나 맡을 수 있는 냄새가 아니어서, 나는 가장 유사한 향수를 찾아냈다. 지금 당신의 기분을 좋아지게 하는 향이나 이미지, 소리 등을 탐색해보자. 그 과정이 당신의 삶을 더 긍정적이고 즐겁게 만들어줄 것이다.

2. 긍정적 감정 공유하기

우리는 보통 타인과 걱정거리를 나누면서 스트레스에 대응하곤 한다. 하지만 기쁘고 긍정적인 감정을 더 많이 나눈다면, 서로의 기분이 더 좋아지고 관계도 강화될 것이다.

자신에게 있었던 좋은 일, 새로운 사건을 가족이나 친구와 매일 공유하자. 단 하나라도 상관없다. 오랜만에 받은 친구의 전화, 예상하지 못했던 안부인사, 동료의 밝은 미소…… 그날 당신의 기분을 좋게 만들어준 일을 회상하고 그 내용과 느낌을 이야기하면 된다.

여기서 중요한 점은 '그런데' 같은 말을 최대한 삼가는 것이다. 예를 들어, "오늘 옛 친구에게 전화가 왔어. 그런데 너무 오랜만이라 어색하기만 했어"라고 하지 말고, '그런데'부터는 아예 생략하는 것이다. 오직 좋은 일, 새로운 사건의 긍정적인 면에만 주목해야 한다.

가족이나 친구들에게 있었던 좋은 일, 새로운 사건에 대해서도 들어보자. 이때는 상대방이 '그런데' 같은 말을 하더라도 지적하지 말고 일단 듣는다. 그러면서 그들이 좋은 일과 새로운 사건을 말했을 때, 그리고 '그런데'로 이어지는 내용을 말했을 때 당신의 감정이 어떻게 변화하는지 살펴보자. 이렇게 하면 상대방도 당신이 말하는 내용에 따라 어떤 감정을 느끼게 되는지 알 수 있을 것이다. 이 '긍정적 공유' 훈련은 다음에 소개할 '감사 일기 쓰기'와 함께 하면 좋다.

경험을 타인과 공유하는 것은 감정을 배출하고 스트레스를 해소하는 좋은 방법이다. 그런데 대부분의 경우 우리가 공유하는 것은 기분 나빴던 일이나 생활에 대한 불평불만이다. 물론 '기쁨은 나누면 배가 되고, 슬픔은 나누면 절반이 된다'는 말이 틀린 것은 아니다. 문제는 우리가 이상하게도 다른 사람과 좋은 일을 나누는 데는 익숙하지 않다는 것이다. 공유하더라도 '그런데' 같은 말을 붙이는 경우가 많다. 이런 습관은 화자와 청자 모두의 기분에 좋지 않은 영향을 미친다.

긍정적 공유 훈련의 목표는 '그런데'를 떼어내고 진정으로 좋은 일을 다른 사람들과 나누는 습관을 들이는 것이다. 나는 모든 가정에서 매일 10~20분 동안 '감정 공유 시간'을 갖기를 제안한다. 가족끼리 불평불만이나 부정적인 감정을 배출할 수도 있고, 하루를 정리하면서 자신에게 있었던 좋은 일들을 나눌 수도 있다. 특히 아이가 있는 집에서는 이런 공유의 시간이 기쁨과 발견의 장이 될 거라고 확신한다.

3. 이상적인 모습 상상하기

• 휴대전화기를 꺼내 카메라 렌즈에 비친 자신을 바라보며, 어떤

부분이 바뀌기 바라는지 생각해보자. 어떤 것이 더 긍정적이고 건강한 자신의 이미지일까?

- 눈을 감고 미소를 지으면서 바라는 모습으로 변신한 자신을 상상해본다. 실제로 더 긍정적이고 건강한 모습으로 바뀔 수 있다는 느낌이 들 때까지 상상한 후에 천천히 눈을 뜬다.
- 평소에도 거울 앞에서 바라는 모습으로 바뀐 자신을 상상한다. 동시에 자신에게 "멋지다!", "할 수 있어!" 등 응원과 격려, 칭찬하는 말을 해준다.

처음에는 다소 어색하고 우습게 느껴질 것이다. 만약 거울을 보고 말하기가 힘들다면 "오늘 정말 좋은 하루였어!"처럼, 자신에게 직접 하는 말이 아니어도 된다.

4. 포스트잇 연습

좋아하는 색깔의 포스트잇을 선택해 긍정적인 단어나 문장을 써서 주변의 잘 보이는 곳에 붙인다. 사무실 컴퓨터, 화장대 거울, 침실 문 등. 특히 습관적으로 자신에게 부정적인 암시를 거는 사람이라면 긍정적 분위기를 조성하는 데 큰 도움이 될 것이다.

○○○○○○○ **해바라기 이야기 <14>** ○○○○○○○

Q는 거의 10년간 우울증을 앓으면서 약물 복용과 중단을 반복하다가 나를 찾아왔다. 처음 몇 번은 만날 때마다 눈물이 온 얼굴을 적

실 정도로 펑펑 울었다. 그녀를 가장 괴롭히는 문제는 수면장애였다. 오랫동안 수면제에 의존해서 이제는 수면제 없이는 잠을 잘 수 없다고 하소연했다.

Q는 SMART-C 프로그램의 집단 상담에 참여했는데, 처음에는 내용을 완전히 이해하지 못하는 듯했다. 그래도 호흡 살피기만은 꼭 잊지 않고 매일 규칙적으로 훈련했다. 포스트잇 훈련을 배우고 나서는 집에 돌아가자마자 침실 벽에 '감사', '난 괜찮아!', '만족하면 즐겁다!', '행복', '인애(仁愛)' 같은 말들을 써서 붙였다. 텔레비전에는 '크게 웃자!', 거울에는 '미소 짓고 있니?'를 붙였다.

얼마 후 그녀는 자신의 변화를 느꼈다. 얼굴에 웃음이 많아졌는데, 내면에서 우러나는 그녀의 진짜 웃음은 주변 사람까지 기분 좋게 했다. 외모도 훨씬 젊어졌다. 무엇보다 우울증세가 훨씬 줄어들어 약도 줄었다. 그녀는 지금도 길을 걸으면서 집에 붙여놓은 단어와 문장들을 중얼거린다. SMART-C 프로그램은 그녀에게 자신감을 심어줌으로써 아름다운 본모습을 되찾을 수 있도록 도왔다.

'이상적 자기'나 '포스트잇' 훈련의 경우, 효과를 의심하며 아예 시도조차 하지 않는 사람이 많다. 단언컨대 해보지 않으면 절대 그 효과를 알 수 없다. 긍정적 암시의 효과를 무시하지 말기를 간절히 바란다. 시작하자마자 효과가 나타나거나 한 번에 완성되는 훈련은 없다. 원래 이완훈련은 본인의 의지도 중요하지만, 주변의 강력한 지지와 도움, 특히 가족의 응원과 관리가 큰 역할을 한다. 하지만 이런 지원 없이 혼자 해야 하는 상황이라면 포스트잇 훈련으로 자신을 응원하고 힘을 줄 수 있다.

5. 감사 일기 쓰기

매일 저녁 오늘 당신이 감사하고 싶은 사람, 일, 사물을 다섯 가지 이상 기록해보자. 물론 그 대상이 당신 자신일 수도 있다. 감사 일기를 쓸 때는 가짓수를 채워넣는 데 급급해서 내용만 달랑 쓰지 말고, 쓰면서 그 대상에 진정으로 감사함을 느껴야 한다(연구에 따르면, 여기에 대략 17~30초가 걸린다). 기억을 강화하기 위해 그 내용을 가족이나 친구와 공유할 수도 있다.

감사는 에너지가 가득한 긍정적 감정이다. 우리는 평소 자신과 남을 탓하거나 서운해하고, 심지어 운명을 원망하는 데 너무 많은 시간을 보내고 있는 것은 아닐까? 반면 주변의 모든 사람과 환경이 선사하는 것에 대해 감사하는 시간은 너무나 적다. '나는 낙엽을 깨끗이 치워주는 환경미화원들의 노고에 감사한다.' '오늘 날씨가 이토록 아름다운 데 감사한다.' '할 일을 끝까지 완수한 나에게 감사한다.' ……글로 쓰는 것에 익숙하지 않거나 귀찮다면 침대에 누워서 오늘 감사를 전하고 싶은 사람, 일, 사물에 대해서 생각해보자. 감사 일기 쓰기는 한동안 꾸준히 해서 생활 습관으로 만들어야 한다.

6. 공감 능력 키우기

공감은 다른 사람의 감정, 생각, 경험에 주목하거나 간접적으로 체험하는 것이다. '이해'를 바탕으로 이루어지는 공감은 매우 수준 높은 사교술이라고 할 수 있다. 이해 부족은 스트레스를 일으키는 흔한 원인이다. 우리는 보통 상대방이 무슨 일을 해야 하고, 어떤 말을 해야 하는지에 더 많이 주목한다. 이 일이 왜 일어났고, 그가 어떤 감정을 느끼는지 이해하려는 시도는 좀처럼 하지 않는다.

공감 능력 훈련은 타인에 대한 연민을 기본으로 그들의 고통에 주목하는 데 초점이 맞춰져 있다. 이해와 연민에 기초한 공감이 몸에 배면 사람과 사람 사이에 충돌이 발생했을 때 효과적으로 대응할 수 있고, 불안이나 우울, 타인에 대한 적의가 줄어든다. 공감은 사고를 넘어서는 내재적 경험이다. 뇌의 뉴런들은 우리가 타인을 이해할 때 열심히 작동한다. 상대방의 표정과 어조 등에 주목하면 뉴런들이 더 많이 활성화되어 당신 역시 똑같은 감정을 느끼게 될 것이다.

1) 기본 자세

- 상대방의 어조, 표정 등을 살피되 평가하지 않는다.
- 나와 다른 면을 받아들인다.
- 긍정적인 관심을 보인다.
- 상황에 대한 자신의 관점과 타인의 관점을 확인한다.
- 타인의 감정 경험을 살핀다.
- 이해를 바탕으로 소통, 교류해서 상황을 판단하고 개선한다.

2) 타인에 대한 공감 능력 훈련, EMPATHY 테크닉

- E(eye contact, 눈맞춤): 상대방과 눈을 맞추면서 관찰한다.
- M(muscles of facial expression, 표정 근육): 상대방의 표정 근육이 어

떻게 변화하는지 살핀다.

- P(posture/position, 자세): 상대방이 어떤 자세로 말하는지 살핀다.
- A(affect, 감정 읽기): 상대방이 보이는 복잡한 감정들을 객관적으로 읽는다.
- T(tone of voice, 어조): 상대방이 어떤 어조로 말하는지 유심히 듣는다.
- H(healing, 치유): 무엇이 그를 치유할 수 있을까? 관심? 사랑? 아니면 용서?
- Y(your response, 당신의 반응): 가장 적절한 반응을 선택한다.

3) 자신에 대한 공감 능력 훈련

타인에 대한 공감 능력이 뛰어나다고 해서 자신에 대한 공감 능력까지 뛰어난 경우는 많지 않다. 스트레스를 느끼는 상황에서 당신은 보통 어떤 식으로 반응하는가? 상상해보자. 당신은 자신에게 어떤 말을 해주겠는가? 말투는 긍정적인가? 응원과 지지를 담고 있나? 만약 친구가 똑같은 상황에 처해 있다면 당신이 자신에게 한 말을 그대로 해주겠는가?

자신에 대한 공감 능력을 다음의 지도에 따라 훈련해보자.

① 생활 중에 압박감을 느꼈던 일을 떠올려본다.
② 그 일을 생각하면서 감정 변화로 인한 스트레스가 자신의 신체에 어떤 영향을 주었는지 살펴본다.
③ 아무런 평가도 하지 말고 그저 자신에게 "지금은 고통의 순간이다"라고 말한다. (지금은 감정을 있는 그대로 느낄 때지, 그것이 좋고 나

쁘고를 평가해서는 안 된다고 알리는 것이다. 이외에 "너무 괴로운 일이야", "스트레스가 심해" 등 자연스러운 말로 묘사해도 좋다.)

④ 이제 자신에게 "고통은 삶의 일부분이야"라고 말한다. 누구나 지금 당신과 비슷한 일을 겪는다. 당신만 비정상이거나 유별나지 않고 남들보다 약하지도 않다.

⑤ 두 손을 포개 심장 가까이 올리고, 그 따뜻하고 부드러운 감각을 느껴본다. 이제 자신에게 "잘할 수 있어"라고 말하면 된다. (자신을 응원하고 힘을 주는 말이면 모두 좋다. "힘들었지만 앞으로는 괜찮을 거야." "나를 있는 그대로 받아들이자." "힘들어도 이겨낼 수 있어." "나는 내 편이야."……)

공감 능력 훈련은 총 5분 정도 소요된다. 처음에 익숙하지 않을 때는 매주 한 번씩 하다가 차츰 횟수를 늘려간다. 하루 중 언제라도 가능하지만, 특히 자신에 대한 공감 능력을 훈련할 때는 최대한 조용하고 평온한 상태에서 해야 더 효과적이다.

7. 소확행 발견하기

① 종이 한 장에 동그라미를 하나 그린다. 이 동그라미는 당신의 하루 24시간을 의미한다. 하루 일과에 따라 동그라미를 몇 칸으로 나누고 칸마다 당신이 하는 일을 적는다.

② 다른 종이 한 장에 당신을 즐겁게 하는 행동이나 활동(즐거운 일)을 20개 적는다.

③ 두 장의 종이를 비교해본다. 첫 번째 종이의 일과표에 두 번째 종이에 적힌 즐거운 일이 얼마나 있나? 당신의 하루에서 얼마만큼을 차지하고 있나? 25퍼센트? 50퍼센트? 아니면 그 이상?

④ 50퍼센트 이상이라면 하루 중 골고루 배치되었는지 확인해보자. 만약 50퍼센트 이하라면 더 늘리는 방법을 생각해본다.

하루의 모든 시간 구간에서 즐거운 일을 한 가지씩 발견하는 훈련이다. 스트레스가 누적되면 즐거운 일들은 무시되고, 유독 짜증스럽고 화나는 일들만 눈에 들어온다. 즐거운 일은 스스로 하는 선택으로, 일종의 권리지만 누리는 사람이 많지 않다. 즐거운 일을 발견했더라도 부정적인 생각과 감정이 방해해서 제대로 실행하지 못했을 가능성이 크다. 예컨대 피아노를 치면 기분이 좋아지지만 잘 치지 못한다고 생각해서 안 치는 식이다. 따라서 생활 속 즐거운 일을 발견하는 동시에 부정적 생각이나 감정을 통제하는 일도 반드시 함께 해야 한다.

즐거운 일을 하면 부정적 생각과 감정에서 멀어지고 긍정적인 마음이 생긴다. 가능한 한 자신의 행위에 주목하면서 생활 속 즐거운 일을 발견하는 시야를 확장하고 적응적 관점을 형성한다면 좀 더 효과적으로 스트레스에 대응할 수 있다. 이와 더불어 '긍정적(낙관적) 감정을 강화하는 명상 훈련(3장 참조)'을 추천한다.

긍정적 감정을 찾아서

이 그림에서 아래의 두 도형 중 어느 쪽이 위 도형과 더 비슷한가?

긍정적 감정은 '기억-느끼기-기록-선택'의 과정을 통해 찾을 수 있다. 다음은 우리가 찾아야 하는 열 가지 긍정적 감정이다. 그 각각에 대해 다음 질문을 떠올려보자. 마지막으로 그 감정을 느꼈을 때가 언제인가? 어디에서 무얼 하고 있었나? 당신의 몸은 어떤 느낌이었나? 특별히 더 많이 반응한 부분이 있나? 그 순간을 언어로 표현해보자. 만약 적절한 것이 없다면 새로운 말을 창조해서 묘사해도 좋다. 그러면 그 감정이 머릿속에 깊이 남아 필요할 때 다시 당신을 기쁘게 해줄 것이다.

① 기쁨

안전하고 익숙한 환경에서 모든 일이 예상대로, 아니 예상보다 훨씬 좋게 진행될 때, 아주 약간만 노력하면 당신은 커다란 기쁨을 느낄 수 있다. 첫 아이를 가슴에 안았을 때 기분이 어땠나? 배우자가 당신의 생일에 깜짝파티를 열어주었을 때, 생각지도 못한 큰 상을 받았을 때, 사랑하는 친구와 즐거운 식사를 할 때…… 당신을 기쁘게 하는 일은 이외에도 많다. 기쁨의 감정은 빛나고 경쾌하다. 기쁨을 느낄 때, 당신이 바라보는 세상은 더 선명하고 계절은 늘 따뜻한 봄이다. 얼굴에는 미소가 가득하고 내면에서 밝은 빛이 우러난다.

② 감사

누군가 당신을 도왔다고 상상해보자. 오후 내내 아이를 돌봐준 이웃, 진로를 함께 고민하고 방향을 제시해준 교수님, 집을 깨끗하게 청소하고 맛있는 저녁식사까지 준비한 남편 혹은 아내, 친절하게 상품을 교환해준 판매원…… 모두 얼마나 감사한 사람들인가! 눈에 보이는 대단한 도움이 아닐 수도 있다. 매일 마시는 깨끗한 공기, 건강한 몸, 피곤할 때 편안하게 쉴 수 있는 장소…… 이런 모든 것이 선물처럼 나타났을 때 감사함을 느낄 수 있다. 감사와 신세 진 느낌은 다르다. 신세를 져서 반드시 갚아야 한다고 생각한다면 진정한 기쁨을 느끼기 어렵다. 감사는 '갚는 것'에서부터 자유로우며 똑같이 되돌려주지 않아도 된다.

③ 평정심

잡생각이 없고 평온한 마음이다. 평정심 역시 기쁨처럼 안전하고 익숙한 환경에서 약간의 노력을 더해 얻을 수 있다. 바쁜 하루를 마치고 소파에 누워 쉴 때, 신선한 아침공기를 마시며 천천히 산책할 때, 바닷가 모래사장에서 파도 소리가 머릿속을 가득 채울 때, 가벼운 바람이 얼굴을 살짝 스치고 지나갈 때, 고양이를 안고서 좋아하는 책을 펼쳤을 때, 좋아하는 차 한 잔을 옆에 두었을 때, 전신에 힘을 빼고 멍하니 누워 있을 때, 몸 전체가 침대 속에 푹 파묻힐 때…….

④ 흥미

새로운 일이나 사물, 이전과 다른 상황이 눈앞에 펼쳐졌을 때, 당신은 아주 신비로운 느낌에 휩싸일 것이다. 흥미는 주의력으로 얻어내는 것이다. 숲속에서 새로 발견한 오솔길이 어디로 이어지는지 알고 싶을 때, 실력을 향상할 수 있는 새로운 열쇠를 찾았을 때, 처음 읽은 책이 완전히 새로운 생각을 제시할 때…… 우리는 진정으로 기분 좋은 흥미를 느낀다. 흥미가 생기면 닫혀 있던 내면이 열리고 살아 있음을 느낄 수 있다. 시야가 확대되고, 자신에게 여전히 많은 가능성이 있다고 생각하게 된다. 흥미는 당신이 더 많이 생각하고 탐색하게 만들며, 더 많은 것을 배우게 한다.

⑤ 희망

다른 긍정적 감정과 약간 달라서, 오히려 일이 잘 풀리지 않고 불확실할 때 생겨난다. 중요한 시험을 망쳤을 때, 실직했을 때, 건강검진에서 종양이 발견되었을 때, 교통사고로 중상을 입었을 때…… 이렇게 절망적인 상황에 출현하는 희망은 가장 나쁜 결과를 거부하고 나아지기를 갈망하는 감정이다. 상황이 바뀔 거라는 믿음, 그리고 스스로 상황을 바꿀 수 있다는 믿음이 희망의 밑바닥에 깔려 있다. 희망이 있는 사람은 아무리 엉망진창인 상황에서도 포기하지 않으며 무너지지 않는다.

⑥ 자부심

긍정적인 자부심은 성취를 통해 생겨나며, 적절한 겸손과 온화함을 동반한다. 새로운 기술 개발에 성공했을 때, 복잡한 가전 조립을 마쳤을 때, 화단에 화초를 심었을 때, 침실을 새롭게 꾸몄을 때, 스포츠경기에서 승리했을 때, 중요한 발표를 해냈을 때, 타인을 돕거나 변화를 유도했을 때…… 우리는 성취감과 함께 무한한 자부심을 느낀다. 자부심은 자신의 행위가 타인에게 인정과 존중을 받았다고 느끼는 감정으로, 성취를 타인과 나누고 싶은 충동이 든다. 단, 자부심에는 양면성이 있다. 자부심으로 가득한 사람이 실패를 겪으면 수치심이 배로 커질 수 있다. 또 자부심이 너무 과해서 겸손과 성숙함을 잃는다면 자만으로 변질될 수 있으니 주의해야 한다.

⑦ 재미

종종 전혀 예상하지 못했던 일들이 우리에게 큰 웃음을 주곤 한다. 순수한 재미는 심각하지 않으며, 웃음을 터뜨리지 않고는 배길 수 없게 한다. 또 항상 다른 사람과 공유하고픈 생각이 든다.

⑧ 감화

우리는 인간의 선한 면을 보았을 때 더 바람직하게 행동하고자 한다. 길 잃은 노인을 끝까지 도와주는 이웃, 팀을 위해 희생하는 동료…… 순수한 마음으로 타인을 돕는 사람들을 보면 나도 그와 같이 되고 싶다는 생각이 든다. '감화(感化)'는 당신을 깨우치고 사로잡아 더 긍정적으로 변하게 한다. 이런 감정은 단순히 기분이 좋아지는 데 그치지 않고, 용기를 북돋워 스스로 자신을 가둔 껍질을 깨고 나오게 한다. 하지만 감화에는 사악한 쌍둥이 감정이 있으니, 바로 질투다. 뛰어난 사람을 보았을 때, 감화와 질투 중 어느 쪽을 선택하겠는가?

⑨ 경외

압도적인 현상이나 대상에 대한 존경, 공경심을 의미한다. 경외에는 두려움과 존경이 모두 담겨 있다. 사람은 자신이 도저히 닿을 수 없는 존재와 마주했을 때, 스스로 자신의 미약함을 인정하고 그것의 일부분이 되어 배우고 적응하고자 한다.

⑩ 사랑

단순한 긍정적 감정이 아니다. 사랑은 앞에서 언급한 기쁨, 감사, 평정심, 흥미, 희망, 자부심, 재미, 감화와 경외를 모두 포함한다. 이런 긍정적 감정들이 내면에 안정감을 만들 때, 우리는 그것을 사랑이라고 부른다. 친밀한 관계를 쌓아가는 과정을 예로 들어보자. 관계의 초기에 당신은 새로 알게 된 사람의 모든 일에 흥미를 느낄 것이다. 함께 재미있는 일들을 공유하면서 크게 웃기도 한다. 그 과정이 당신에게 커다란 기쁨을 주고 어느덧 미래에 대한 희망과 꿈까지 나누게 될 것이다. 그렇게 안정적인 관계가 되면 서로 사랑이 충만해져 마음이 평온하다. 당신은 사랑하는 사람이 당신에게 주는 즐거움에 감사하고, 두 사람이 함께 이룬 성취에 자부심을 느끼며, 아름답고 깊은 사랑에 감화될 것이다. 운명이라는 신비로운 힘이 두 사람을 우연히 만나게 한 데 대해 경외를 느끼기도 한다. 이런 모든 순간을 사랑이라고 부를 수 있다.

자, 이제 처음의 그림을 다시 한번 보자. 아래의 두 도형 중 어느 쪽이 위 도형과 더 비슷한가? 혹시 처음 생각과 달라졌는가?

나를 찾아온 해바라기들은 SMART-C 프로그램을 접하기 전에는 대부분 오른쪽 도형을 선택했다가 이완훈련을 하고 나면 왼쪽을 선택한다. 사실 이 두 가지는 어느 쪽이 맞거나 틀리지 않으며, 좋거나 나쁘지도 않다. 오른쪽을 선택하는 사람은 세부적인 것에 더 주목하고, 왼쪽을 선택하는 사람은 전체에 더 주목한다는 차이만 있을 뿐이다. 흔히 강조하는 '열린 자세'란 새롭고 낯선 것에 대한 태도일 뿐 아니라, 주의를 부분에서 전체로 확장하는 것도 포함한다. 이런 열린 자세야말로 긍정적 감정을 찾는 기본이라 할 수 있다.

스트레스를 받아들이는 태도

스탠퍼드대학교 심리학과 교수이자 스트레스 연구의 권위자 켈리 맥고니걸(Kelly McGonigal) 교수의 TED 강연 '스트레스와 친구가 되는 법(How to make stress your friend)'(게시 2013. 9. 4.)은 '가장 인기 있는 강연 베스트 20'으로 꼽힌다. 맥고니걸 교수의 강연은 스트레스에 대한 기존의 관념을 뒤집는다.

미국의 한 연구팀이 8년 간 성인 3만 명을 추적 조사한 연구가 있다. 이들은 '스트레스가 건강에 해롭다고 믿는가?'라는 질문과 함께 지난해 경험한 스트레스가 얼마나 컸는지를 조사했다. 그리고 8년 뒤, 스트레스 수치가 높았던 사람들의 사망 위험이 43퍼센트나 증가했음을 확인했다.

그러나 이 숫자는 '스트레스가 건강에 해롭다고 믿는다'고 답한 사람들에게만 해당된 결과였다. 스트레스가 해롭다고 믿지 않는 사람들은 사망 확률이 증가하지 않았다. 심지어 '스트레스를 거의 받지 않는다'고 답한 사람보다 낮았으며 이들은 참가자 중 사망 위험이 가장 낮았다.

연구팀은 스트레스에 대해 "스트레스를 해롭다고 믿는 것과 스트레스 상황이 결합할 때 일어나는 현상"이라고 결론지었다. 결국 스트레스를 받아들이는 자세, 생각에 따라 스트레스가 신체에 미치는 영향을 결정지을 수 있다는 것이다.

맥고니걸 교수는 "스트레스는 독이 아닌 약"이라고 표현했으며 결국 개인이 스트레스를 어떻게 인지하는지에 따라 심신의 건강이 달려 있다는 것이다. 이것이 우리가 꾸준히 스트레스를 관리해야 하는 이유다.

중요한 것은 무엇을 할 것인가가 아니라. 무엇을 하지 않는 거죠.
밤에는 휴대폰을 꺼 SNS나 이메일 읽는 것을 자제합니다.
제대로 쉬어야 스트레스 풀 상황도 만들어지기 때문이죠.

- 셰릴 샌드버그 (페이스북 CEO) -

5장

마인드풀니스 수업

- 내면 탐색하기 -

R의 어린 시절은 온통 아버지의 음주로 어둡게 물들었다. 대학생 때 어머니가 암으로 세상을 떠나 아버지와 단둘이 살면서부터는 상황이 더 안 좋아졌다. 졸업 후 한 직업전문 고등학교의 교사가 되었으나, 직장에 제대로 적응하지 못해 우울증은 점점 더 심해졌다. 세상 어디에도 그녀를 즐겁게 해주는 일은 없었다.

R은 항상 무언가를 걱정하고 두려워했으며, 무능한 자신을 원망하면서 남몰래 눈물을 흘렸다. 그러다 나를 찾아온 그녀는 '지금 여기에 집중하기' 훈련을 시작하면서 마침내 즐거운 일을 찾았다. 바로 요리와 집안일이었다. 기분이 가라앉고 우울할 때마다 그녀는 부엌에서 맛있는 음식을 만들거나 집을 청소했다. 이런 일들에 모든 주의력을 집중하면 우울감을 잊을 수 있었다. 나중에는 감정 상태가

그다지 나쁘지 않을 때도 그냥 했다. 한번 시작하면 몇 시간이 훌쩍 지나가서 깊은 밤이 되기 일쑤였다. 그녀는 한 가지 일에 정신이 팔려서 시간을 완전히 잊는 그 느낌이 너무 좋다고 말했다.

집단 상담에 참여한 2개월 동안 그녀는 살이 5킬로그램가량 쪘다. 처음 만났을 때 비쩍 마르고 어두운 표정이 가득했던 그녀와 비교하면 너무나 아름답고 생기 넘치는 모습이었다.

SMART-C 프로그램의 원칙은 어떤 훈련이든 새로운 부담을 주거나 스트레스를 일으키지 않는 것이다. 즉, 새로운 무언가를 시작하기보다 되도록 원래 매일 하던 일을 활용해서 문제를 해결하고자 한다. '지금 여기에 집중하기'는 '현재에 집중하기'와 '일상에 집중하기'로 구성되었다. 일반인들이 꾸준히 하려면 후자가 훨씬 수월할 것이다. 뭐든 단 30분이라도 꾸준히 규칙적으로 하기란 쉽지 않은데, 살면서 어차피 해야 할 일이라면 어떻게든 하게 되기 때문이다. 원래 하고 싶은 일이 없고 뭘 해도 재미를 느끼지 못하던 R은 매일 해야 하는 요리와 집안일에 집중함으로써 즐거움의 스위치를 눌렀고, 우울증을 크게 개선할 수 있었다. (그녀가 살이 쪘다고 해서 걱정할 필요는 없다. 심리 문제 때문에 워낙 말랐던 그녀는 체중이 증가하자 무척 기뻐했다. 원래 대부분의 경우는 그녀와 반대로 살이 빠진다. 자세한 내용은 뒤에서 설명하겠다.)

◇◇◇◇◇◇◇◇◇ 해바라기 이야기 <16> ◇◇◇◇◇◇◇◇◇

S는 실직의 충격에서 채 벗어나기도 전에 실연까지 당하면서 커다란 스트레스를 받았고, 이는 곧 우울증으로 이어졌다. 설상가상으로 재취업 과정 또한 순조롭지 않았다. 그가 보기에 면접관은 늘 트

집을 잡았으며, 대답을 잘하고 싶어도 말이 부드럽게 이어지지 않았다. 이 모든 상황은 그를 짜증스럽고 불안하게 만들었다.

문제가 심각해지자 S는 몇 년 전 우연히 받았던 심리 컨설팅을 떠올렸고, 나를 찾아왔다. SMART-C 프로그램을 접한 후, 그의 삶은 완전히 바뀌었다. 가장 큰 변화는 이전보다 면접 제안이 늘어나서 선택하기 어려울 정도가 되었다는 것이다.

그의 변화는 어느 날 면접 대기 시간에 시작되었다. 그날 면접 장소는 20층 높이에 있는 사무실이었다. 복도에서 대기하던 S는 심장이 긴장으로 빠르게 뛰는 걸 느끼면서 무심코 창밖을 바라보았다. 저 아래 주차장에 차들이 빼곡했는데, 그중 유난히 비뚤게 주차된 차 한 대에 눈길이 갔다. 그때 나에게 배운 '지금 여기에 집중하기'를 떠올린 그는 그 자동차를 가만히 바라보았다. 이름이 불릴 때까지 계속 보면서, 왜 저렇게 되었을까만 생각했다.

이날 S의 면접은 3시간 이상 계속되었다. 면접관과 말이 너무 잘 통해서 두 사람 모두 시간이 그렇게 지났는지도 모르고 계속 이야기를 나눴다. 집으로 돌아오는 길, 그는 취업 면접이 이렇게 즐거울 수도 있다는 사실이 불가사의하게 느껴졌다. 매번 긴장과 걱정에 휩싸여 면접실 문을 열던 모습은 이제 머릿속에서 완전히 지워졌다. 그저 방금 한 면접의 여운이 남아 한 번 더 즐거운 면접을 경험하고 싶다는 생각뿐이었다.

얼마 후, 그는 자신을 진정으로 사랑해주는 여자친구를 만났다. 또 체력을 단련하기 위해 매일 밤 팔굽혀펴기를 했는데, 이때도 '지금 여기에 집중하기'를 십분 활용했다. 근육의 통증을 집중적으로 관찰하면서 했더니, 처음에는 70여 회가 최대치였는데, 지금은 120회도

거뜬히 해낼 수 있게 되었다. 이렇게 해서 그는 마음뿐 아니라 몸도 더 건강해졌다.

S의 사례가 믿기지 않을지도 모르겠다. 하지만 장담컨대 이런 일들이 실제로 분명히 일어나고 있다. 내가 '지금 여기에 집중하기' 훈련을 설명하고 제안하면 해바라기들은 대부분 반신반의한다. 자신들이 해결하기를 바라는 문제와 관련이 없어 보이기 때문이다. 불면증을 해결하려고 온 사람에게 지금 머릿속에 있는 생각에 집중하라고 하고, 우울증으로 힘든 사람에게 지금 먹고 있는 귤에 집중하라고 하며, 불안장애를 없애고 싶은데 걸을 때 발가락이 지면에 닿는 압력을 느껴보라고 한다.

이 훈련은 당신을 과거의 응어리나 미래에 대한 걱정, 좋고 나쁜 평가들, 갖가지 잡생각에서 멀어지게 해준다. S는 비뚤게 주차된 차를 관찰하면서 면접으로 인한 긴장과 불안 같은 부정적 감정을 잊을 수 있었다. 그 차가 그의 주의력을 모두 가져간 덕분이다.

'지금 여기에 집중하기'는 내면을 평온하게 하고 긍정적 감정을 촉진한다. 좋은 일이 많아져서가 아니고, 안 좋은 일이 없어져서도 아니다. 스스로 만드는 불필요한 부정적 감정을 피한 덕분이다. 앞선 사례의 R은 좋아하는 일을 함으로써 감정 상태를 개선했다. 하루의 시간은 한정되어 있으니, 좋아하는 일을 하는 시간을 늘리면 자연히 기분 나쁜 시간이 줄어든다.

◇◇◇◇◇◇◇◇◇ 해바라기 이야기 <17> ◇◇◇◇◇◇◇◇◇
올해 예순 살이 된 T는 갱년기 즈음 시작된 불면증으로 고생해왔

다. 밤에 자려고 누우면 온갖 생각이 들고, 생각을 하다 보면 흥분 상태가 계속되어 결국 수면제를 먹어야 했다. 벌써 몇 년째 수면제를 복용하고 있다. 이제는 나이가 들어 건강이 예전 같지 않고 기억력과 주의력도 떨어졌는데, 당뇨병과 고혈압까지 있어 먹는 약이 한두 가지가 아니었다. 그녀는 이렇게 약을 먹다가는 위가 남아나지 않겠다 싶어 수면제라도 끊어보려고 나를 찾아왔다.

자기 전에 머릿속을 가득 채우는 생각들이 가장 문제라는 그녀에게 나는 '지금 여기 소리에 집중하기'를 제안하고, 수면 습관 3원칙 훈련(6장 참조)도 병행했다. 약 8주 후, 그녀는 자신에게 일어난 변화를 알아차렸다. 머릿속에 계속 생겨나는 온갖 잡생각과의 싸움에서 승리하고 있다는 느낌이 들었다. 이제 T는 침대에 누우면 자기도 모르게 잠이 든다.

수면은 스트레스와 감정 상태에 쉽게 영향을 받는다. 계절 변화와 노화도 수면에 영향을 미치는데, 여성의 경우 특히 월경 전후, 임신기, 수유기, 갱년기 등 특정 시기에 수면의 질이 크게 나빠질 수 있다. 수면의 질이 '갑자기' 저하됐다고 생각하는 사람이 많은데, 꼭 그렇지만도 않다. 사실 수면장애의 원인은 단번에 짚어내기도 어렵지만, 꼭 찾아야 하는 것도 아니다. 기본적인 수면건강 교육, 자연수면 회복 3원칙 훈련 그리고 이완훈련만으로도 수면장애 개선이 가능하기 때문이다. 여기에 적절한 약물치료를 병행한다면 효과가 더 크다. 이완훈련은 기본적으로 온몸의 긴장을 풀고 편안하게 만들어준다. 실제로 이완훈련 중에 자신도 모르게 잠이 드는 사람이 많다.

끝도 없이 이어지는 생각 탓에 잠을 잘 수 없을 때, 대부분의 사람은 본능적으로 눈을 꼭 감고 자신을 향해 "생각하지 마! 이제는 자야 해!"라고 말한다. 하지만 이는 실제로 효과가 없다. 화를 누르려고 할수록 화가 더 나는 것처럼, 생각하지 않으려고 할수록 생각은 오히려 더 많아진다. 그럼 어떻게 해야 할까?

'지금 여기 소리에 집중하기', '지금 여기 생각에 집중하기' 등의 훈련은 생각이 많아서 머리가 쉬지 않아 잠도 자기 어려운 사람들에게 아주 적합하다. 강박적 사고(obsession)에도 똑같은 효과가 있는데, '추천 이완훈련'에서 다른 사례로 더 자세히 설명하겠다.

왜 지금 여기에
집중해야 하는가?

　우울증과 불안장애는 현대 사회에서 가장 흔한 심리질환이지만, 이에 대해 정확하게 아는 사람은 많지 않다. 간단하게 말하자면, 우울증 환자들은 과거에 살고, 불안장애 환자들은 미래에 산다. 두 집단 모두 가장 중요한 '지금 여기'에 집중하지 않는다.

　우울증 환자들의 사고 패턴은 '반추적'이다. 그들은 과거에 했던 말과 행동을 계속 생각하면서 끝없이 되새기고 후회하고 자책한다. 그러지 않았다면 좋았을 텐데, 그 말을 했어야 하는데, 돌아갈 수만 있다면…… 이런 생각들이 언제나 머릿속을 가득 채우니 과거의 고통에서 걸어나오지 못하고 괴로워한다. 반대로 불안장애가 있는 사람들은 사고의 초점이 전부 미래에 맞춰져 있다. 아직 일어나지도 않은 일을 상상하며 지레 겁을 먹고 두려워한다. 스스로 만든 공포와 걱정에 파묻혀서 좀처럼 헤어나오지 못한다. 만약 그들의 사고를 '지금 여기'

로 돌려놓을 수 있다면, 모든 감각을 '지금 여기'에 집중하게 한다면 상황이 나아지지 않을까?

우울증과 불안장애 환자들은 확실히 '지금 여기'에 집중함으로써 증세를 완화시킬 수 있다. 그렇다면 일반인들은 어떨까? 그들에게도 역시 유의미한 효과가 있을까? 우선 자신에게 다음과 같은 증상이 있지는 않은지 확인해보자.

- 좀처럼 안정이 되지 않는다: 조용히 안정을 취하거나 편안하게 잠들고 싶은데 마음처럼 되지 않는다면, 이완훈련을 통해 안정과 평온을 방해하는 모든 것(생각, 잡념, 감각, 감정, 주변 사람들, 여러 소리 등)을 극복해내야 한다. 언제든 자기만의 여과기로 그 방해물들을 걸러내 없애버리는 것이다. 물론 쉬운 일은 아니다.

- 살면서 재미있는 일이 없다: 당신은 살면서 얼마만큼 자동행위 모델(습관)에 따라 행동하는가? 매일 정해진 시간에 일어나 지하철이나 버스를 타고 출근한다. 컴퓨터를 켜고 그날 업무를 절차에 따라 처리한다. 이런 일들을 수행할 때, 감정의 파동이 일어나는가? 지하철이나 버스를 어떻게 탈지 생각하면서 타는가? 어떻게 컴퓨터를 켤지 생각하는가? 아마 이런 일들은 모두 이미 습관화되어 자동적이고 기계적으로 이루어질 것이다. 무수히 많이 반복되었기 때문에 너무나 익숙해서 흥미도 없고 즐겁지도 않다. 이런 나날이 계속된다면 위험하다.

- 뭘 해도 주의 집중이 어렵다: 차를 타고, 길을 걷고, 식사하고, 가족이나 친구와 이야기할 때, 머릿속으로 무슨 생각을 하는가? 수백수천 가지의 생각이 당신을 방해하고 있지는 않은가? 내려야

할 지하철역을 지나치고, 밥을 먹어도 뭘 먹는지, 무슨 맛인지도 모른다. 가족과 이야기하면서도 내용이 귀에 들어오지 않는다. 머릿속이 이번 주 안에 완성해야 하는 업무로 가득 차서 다른 생각을 할 공간이 없기 때문이다.

'지금 여기에 집중하기'는 현재 느끼는 감각에 주목하고 온전히 음미하면서 경험하는 태도를 강조한다. 이 훈련은 어디에나 적용할 수 있으나 호흡, 소리, 생각에서부터 시작하기를 권한다. 언뜻 간단해 보일 수도 있지만 생활신조로 자리 잡으려면 의식적인 훈련이 꼭 필요하다. 장점이나 효과를 바로 느끼지는 못하겠지만, 꾸준히 해나가면 분명히 도움이 된다. 지금 여기에 집중하는 능력이 향상될수록 스트레스에 흔들리지 않고 더 건강하게 살 수 있다. 자동행위 모델에서 벗어나 매순간을 느끼고 누리며 삶의 진실한 의미를 찾을 수 있다.

마음챙김의 힘

마음챙김(mindfulness)은 원래 불교 명상의 가르침으로 '자각, 주의, 기억'이라는 세 가지 함의를 담고 있다. 존 카밧진 교수는 마음챙김을 '의식적으로 현재 순간에 집중하며 있는 그대로를 수용적인 태도로 자각하는 것'이라고 말했다.

여기서 우리는 세 가지에 주목해야 한다. 첫 번째는 '의식적으로', 이는 마음이나 감정에 따르지 말고 관찰하라는 의미다. 두 번째는 '현재 순간에 집중하며', 이는 과거도 미래도 아닌 지금 여기에 집중하라는 말이다. 세 번째는 '수용적인 태도로', 이는 어떤 평가도 하지 말라는 뜻이다. 나는 이 세 가지 중에서 '수용적인 태도로'가 가장 어렵다고 생각한다. 지금 우리를 둘러싼 환경은 온갖 유형의 평가로 가득하다. 내가 좋아하는 사람과 좋아하지 않는 사람, 잘했거나 못한 일들…… 애초에 이런 평가들이 존재하지 않는다면 어떤 감정도 생겨나지 않을 것이다.

마음챙김 훈련은 탈자동화를 일으켜 다른 방식으로 생활하게 유도한다. 다른 이완훈련을 위한 준비 훈련으로도, 그 자체로도 효과가 뛰어나다. 모든 사람이 스트레스 해결법으로 삼을 만한 훈련법이지만, 특히 불면증이 심한 사람들이 자기 전에 하면 좋다.

긴장을 풀어주는
이완훈련

호흡 살피기

전체 이완훈련의 기초로, 구체적인 훈련법은 1장에서 소개한 바와
같다.

지금 여기 소리에 집중하기

지금 들리는 소리 한 가지를 선택해서 신체의 모든 감각을 집중해
있는 그대로 받아들인다. 훈련이 끝나면 자문해보자. 어떤 느낌이었
나? 무엇을 발견했나? 감정이 요동쳤나? 이완과 평온함에 이르렀나?
처음에는 시간을 넉넉하게 잡아서 훈련하고, 천천히 강도를 높인다.

지금 여기 생각에 집중하기

과거나 미래가 아닌 현재의 감정과 사고를 자각하는 데 초점을 맞

춘다. 생각이 어떤 사건이나 경험으로 흘러가지 않도록 주의한다. 이 훈련은 '호흡 살피기'와 '지금 여기 소리에 집중하기'보다 난도가 높다. 초보자는 먼저 두 가지 훈련으로 편안하고 자연스러운 상태에 도달한 후 시도하는 게 좋다. 훈련이 끝나면 자문해보자. 어떤 느낌이었나? 무엇을 발견했나? 감정이 요동쳤나? 이완과 평온함에 이르렀나? 이 역시 처음에는 시간을 넉넉하게 잡아서 훈련하고, 천천히 강도를 높인다. '호흡 살피기', '지금 여기 소리에 집중하기'와 함께 연속해서 훈련하면 뇌 기능을 강화하는 효과가 있다.

∞∞∞∞∞∞ 해바라기 이야기 <18> ∞∞∞∞∞∞

U는 곧 대학을 졸업하면 외국으로 유학을 떠나 실력을 더 쌓을 생각이다. 전형적인 IT 인재인 그는 논리적 사고와 계획에 능하며, 완벽을 추구하는 강박적 성향이 있다. 그는 매일 피곤을 느끼며, 다른 사람과 어울려 사는 일을 매우 어려워한다. 부모님과도 생각이 달라서 자주 말다툼을 한다. 한번은 셋이 함께 어느 장소로 이동해야 했는데, 택시를 타고 가자는 그의 의견에 부모님이 반대해 큰 싸움이 났다. 그는 몹시 화를 내면서 택시를 타면 도보나 버스보다 10분 정도 일찍 도착할 수 있다며 언성을 높였다. 겨우 10분 때문에 부모 자식 사이에 큰 소리가 오간 것이다.

나도 처음 이 이야기를 듣고, 과연 그럴 만한 일인지 의아해했다. 하지만 U는 자신이 모든 요소를 고려해서 내린 결론이므로 반드시 그렇게 해야 한다고 확신했다. 사실 그 역시 이렇게까지 따지고 비교할 필요는 없다고 생각했으며, 이러지 말자고 다짐한 적도 있었다. 하지만 뇌가 저절로 그렇게 되는 걸 제어할 수가 없다고 했다. 설상가상으로 최근 유학 준비로 스트레스가 쌓여 더 심해졌다.

나는 그에게 '지금 여기 생각에 집중하기' 훈련을 제안하면서, 머릿속에 출현하는 생각을 평가하지 말고 관찰만 하라고 주문했다. 한동안 꾸준히 규칙적으로 훈련한 그는 자신에게 완벽주의 인지오류가 있음을 확인하고 인지 재구조화를 통해 인생의 새로운 페이지를 열었다.

U가 부모님과의 관계에 문제가 생겼다고 느껴서 나를 찾아왔을 때 그의 어머니 역시 더 이상 아들과 이렇게 싸우면서 살 수는 없다고 생각해 함께 왔다. 상담치료 초기에는 큰 효과를 보지 못했는데, U가 자신의 진짜 문제를 자각하지 못했기 때문이었다. 그는 자신이 바쁜 학업으로 제대로 쉬지 못해서 늘 피곤하고 쉽게 짜증이 날 뿐, 인지오류가 있다고는 인정하지 않았다. 나는 그가 스스로 자신의 인지오류를 발견하고 해결할 수 있도록 도왔고, 심신 살피기로 자신의 여러 문제에 집중하도록 유도했다. 이 과정에서 부모님과의 관계가 자연스럽게 개선되었다.

'지금 여기 생각에 집중하기'는 강박적 사고 개선을 위한 새로운 방법이 될 수 있다. 증상이 비교적 초기이고 가벼울수록 꾸준히 할 수 있으며 효과도 더 크다. 강박적 사고가 있는 사람은 머릿속에 반복적으로 모종의 관념이나 개념이 출현해 주관적인 강박감과 고통을 느낀다. 불필요하거나 잘못된 생각을 머릿속에서 내보내려고 노력하지만, 쉽지 않아서 강박적 행동으로 드러나기도 한다. 심각한 수준이라면 반드시 약물치료를 병행해야 한다.

지금 여기 동작에 집중하기

몇 가지 간단한 신체 동작, 예를 들어 팔을 쭉 펴서 스트레칭하기, 다리 올리기, 허리 굽히기, 고개 숙이기, 몸 비틀기 등을 해보자. 그러면서 신체 각 부위의 근육 움직임과 변화에 집중한다. 어떤 평가도 하지 말고 단순히 관찰만 해야 한다. 훈련이 끝나면 자문해보자. 어떤 느낌이었나? 무엇을 발견했나? 감정이 요동쳤나? 이완과 평온함에 이르렀나? 이전보다 더 오래 했나? 운동을 좋아하는 사람이라면 평소 운동할 때 동작에 집중해도 된다.

여유를 찾아주는
일상 훈련

1. 식사 솔루션

우리는 모두 매일 먹어야 산다. 하루 세 끼 식사는 우리 생활에서 빠뜨려서는 안 되는 중요한 일이다. '지금 여기에 집중하기'를 일상에서 실천할 수 있는 가장 쉬운 방법은 바로 식사에 집중하는 것이다. 오감을 깨워 음식을 먹는 행위에 집중하는 것만으로도 머릿속 생각과 감정을 현재로 가져올 수 있다. 생각해보자. 얼마나 오랫동안 '성실하게' 식사하지 않았는가? 휴대전화나 TV를 보지 않고 오직 식사에만 집중한 게 언제였나? 얼마나 많은 식사를 후닥닥 해치웠나?

식사를 시작하기 전에 우선 당신이 먹을 음식의 색을 찬찬히 살펴보자. 냄새를 맡고 젓가락으로 집어서 모양을 관찰한다. 음식을 입에 넣으면서 온도, 촉감, 맛을 느끼고 씹을 때 나는 소리를 가만히 들어

본다. 식사는 오감이 풍부해지는 행위다. 식사에 감각적으로 누릴 수 있는 부분이 이렇게나 많은 걸 알고 깜짝 놀랄 것이다. 한 끼의 식사가 당신을 더 평안하게 한다.

- 시각: 음식의 색, 모양을 자세히 살펴보자. 겉모습부터 내부까지 꼼꼼히 보면서 어떤 생각을 했나?
- 청각: 엄지와 검지로 음식을 집어 귀 가까이 대고 비벼본다. 소리가 나는가? 어떤 생각과 감정이 드는가?
- 후각: 음식을 코 가까이 가져가서 냄새를 맡아보자. 어떤 느낌이 드는가?
- 촉각: 음식을 입술에 가만히 대보자. 음식의 외피가 입술에 부딪혔을 때 느낌을 기억하라. 어떤 생각이 드는가?
- 미각: 이제 음식을 입에 넣고 질감, 온도, 맛을 느껴보자. 그런 후에 천천히 씹고 삼킨다. 입안에 있는 음식이 어떤 느낌이었나? 다시 한번 음식을 입에 넣는다. 여러 차례 반복하면서 생각과 느낌은 어떻게 바뀌었나?

식사를 마친 후에 생각해보자. 어떤 느낌이었나? 이전의 식사와 확연히 다른가? 다르다면 어떻게 다른가? 지금의 식사에 만족했나? 앞으로도 이렇게 식사에 집중할 수 있을까? 만족도가 높아지겠는가? 한 끼 식사에 집중하면서 당신의 몸은 이완되었나? 어색할 수도 있지만, 앞으로는 최대한 이런 방식으로 식사하기를 권한다. 과일이나 간식을 먹을 때도 마찬가지다. 시간과 비용이 너무 많이 소모된다면 훈련 간격을 조금 늘려도 좋다.

온 정신을 집중해서 식사하면 당연히 식사 시간이 길어질 수밖에 없다. 잘게 씹고 천천히 삼키는 행위는 건강한 식사 습관이기도 하므로 시간을 할애할 가치가 있다. 사람의 식욕은 약 20분 동안 왕성하다가 그 이상이 되면 사그라든다고 한다. 식사를 빨리 하면 식욕이 왕성한 상태에서 먹게 되므로 과식하지만, 천천히 하면 섭취량이 적어서 당연히 살찔 확률도 낮다. 전체 과정이 어렵거나 고통스럽지 않으며 다이어트 효과까지 있으니, 충분히 시도해볼 만하지 않은가.

2. 걷기 솔루션

식사만큼이나 매일 반드시 해야 하는 행위가 걷기다. 연구에 따르면, 스트레스 호르몬 코르티솔이 가장 많이 분비되는 게 걸을 때라고 한다. 생각해보자. 당신은 걸으면서 무슨 생각을 하는가? 물론 아름다웠던 일을 추억할 수도 있고, 멋진 풍경을 보면 걸음을 멈추고 감상할 때도 있다. 하지만 일반적으로 사람들은 걸으면서 스트레스 사건을 생각하고 처리 방법을 고민한다. 목적지에 도착하면 처리해야 할 일들을 걱정하기도 한다. 이제 우리는 이런 상황을 바꾸고 새로운 방식으로 걷기 시작해야 한다. 다른 건 전혀 생각하지 않고 오로지 지금 여기에서 걷고 있는 행위에 집중하는 것이다.

① 실내든 실외든 걸을 수 있는 공간을 찾자. 주변 사람들의 눈은 크게 신경 쓸 필요 없다.
② 길의 한쪽 끝에 두 발을 나란히 하고 서서 어깨 너비로 벌린다.

무릎 관절을 이완하면 더 민첩하게 움직일 수 있다. 양팔은 몸의 양쪽에 자연스럽게 떨어뜨리고 두 손은 가볍게 주먹을 쥔다. 눈은 전방을 주시한다.

③ 이제 발바닥의 감각에 집중하자. 발바닥이 지면에 닿는 감각, 체중이 다리와 발로 전달되는 과정을 느껴본다. 무릎을 몇 초 동안 살짝 굽히면 다리와 발의 감각이 더 명확하게 느껴질 것이다.

④ 준비 작업이 끝났으면 무게중심을 오른쪽 다리로 옮긴다. 왼쪽 다리는 힘을 빼고 오른쪽 다리가 체중 전체를 지탱하게 한다. 이 과정에서 무게중심이 옮겨질 때 양쪽 다리와 발의 감각에 집중한다.

⑤ 이완된 왼쪽 발꿈치를 천천히 지면에서 들어올리며 종아리의 감각에 집중한다. 왼쪽 발꿈치와 발바닥이 지면에서 떨어지고 발가락만 지면에 닿은 상태가 될 때까지 들어올리다가 다시 천천히 발바닥과 발꿈치가 지면에 닿도록 내린다. 이제 몸의 무게중심을 오른쪽 다리에서 왼쪽 다리로 옮기고, 오른쪽 다리의 힘을 뺀다. 무게중심을 옮기는 과정에서 양쪽 다리와 발의 감각에 집중한다. 이완된 오른쪽 발을 왼쪽 발과 같은 방법으로 들어올렸다가 내린다.

⑥ 체중을 왼쪽 다리에 싣고 오른쪽 발 전체를 들어올린 후, 천천히 앞으로 한 걸음 내디딘다. 발꿈치가 먼저 지면에 닿게 한다. 이 과정에서 두 다리와 발의 감각에 집중한다. 오른쪽 발꿈치에 주의를 집중하면서 오른쪽 발바닥과 발가락이 각각 지면에 닿는 느낌을 살핀다. 이제 체중을 오른쪽 다리로 옮기면서 두 다리와 두 발의 감각을 느껴본다.

⑦ 체중을 오른쪽 다리에 싣고 왼쪽 발 전체를 들어올린 후, 천천히 앞으로 한 걸음 내디딘다. 발꿈치가 먼저 지면에 닿게 한다. 이 과정에서 두 다리와 발의 감각에 집중한다. 왼쪽 발꿈치에 주의를 집중하면서 왼쪽 발바닥과 발가락이 각각 지면에 닿는 느낌을 살핀다. 이제 체중을 왼쪽 다리로 옮기면서 두 다리와 두 발의 감각을 느껴본다.

⑧ 이상의 방법으로 한 걸음씩 나아가면서 길의 한쪽 끝에서 다른 쪽 끝까지 간다. 특히 발바닥과 발꿈치가 지면에 닿을 때의 감각에 집중하자. 또 발을 앞으로 뻗을 때 다리 근육의 감각에 주의한다.

⑨ 길 반대편에 도착하면 천천히 몸을 돌리면서 각 부위의 감각에 집중한다. 그런 다음 다시 똑같은 방식으로 왔던 곳으로 되돌아간다.

⑩ 이렇게 몇 차례 오고가면서 다리와 발에 최대한 주의를 집중해야 한다. 특히 발의 각 부위가 지면에 닿을 때의 감각에 주의한다. 눈은 전방을 주시한다.

⑪ 도중에 주의가 흐트러져도 괜찮다. 다시 다리와 발에 집중하면 된다.

⑫ 전체 훈련 시간은 10~15분 정도, 그 이상도 큰 무리가 없다면 괜찮다.

⑬ 처음에는 평상시보다 느린 리듬으로 걸어야 신체 감각을 살피기 좋다. 느린 걸음이 불편하다면 평상시처럼 걸어도 되지만, 주의 집중을 하면 속도가 자연스럽게 느려질 것이다. 주의 집중이 좀 더 편해지면 평상시 속도 혹은 그보다 빠른 속도로 걸어도

된다. 어떤 식이든 자신에게 가장 적합한 방법을 찾으면 된다.

훈련을 마치면 자문해보자. 이 훈련과 평상시 걷기는 어떻게 다른가? 몸의 긴장이 풀리고 이완됐다는 느낌이 드나? 지금부터 가능한 한 자주, 많이 훈련하기 바란다. 습관이 되면 매일 걸을 때마다 적용할 수 있다.

3. 개인 맞춤형 솔루션

식사와 걷기 외에 일상에서 '지금 여기에 집중하기'를 훈련할 수 있는 일들을 찾아보자. 친구들 모임, 집안일, 목욕, 자전거 타기…… 이외에도 매일의 생활 속에 선택할 수 있는 일이 많다.

살찐 거위 한 마리가 플라스크처럼 생긴 유리병 안에 들어 있다. 어떻게 해야 병을 깨지 않고 거위를 꺼낼 수 있을까? 거위를 비쩍 말려야 할까? 자, 침착하게 다시 잘 생각해보자. 애초에 이 거위는 어떻게 병 안에 들어갔을까?

병 안의 거위

어느 날, 대부 벼슬을 하고 있는 육긍(陸亘)이 남전(南泉) 선사를 찾아와 병 안에 있는 거위 꺼내는 방법을 물었다.

"그렇게 큰 거위가 대체 어떻게 병에 들어갔을까요?"

"거위 새끼 한 마리를 넣고 매일 먹여서 키웠겠지요."

"병을 깨뜨리지 않고 거위를 산 채로 꺼내려면 어떻게 해야 할까요?"

그러자 남전 선사는 손뼉을 세게 치면서 소리쳤다.

"대부!"

육긍은 깜짝 놀라서 대답했다.

"예, 선사님!"

남전 선사가 말했다.

"거위는 이미 나왔소."

두 가지 문제

작가 V는 딸의 전화를 받았다. 딸은 더 이상 식당에서 웨이트리스로 일하고 싶지 않다고 하소연했다. 너무 힘들고, 즐겁지도 않으며, 만족감을 전혀 느낄 수 없다는 것이었다. V는 차분한 목소리로 "그럼 어떤 일을 하고 싶니? 무슨 일을 해야 즐겁고 만족감까지 느낄 수 있을까?"라고 물었다. 딸은 잠시 머뭇거리더니 아이들에게 승마를 가르치고 싶다고 말했다.

그녀는 식당 웨이트리스가 되기 전에 한 승마장에서 어린이 승마 코치로 일했다. 하지만 승마장 사장은 쥐꼬리만 한 월급을 주면서, 그녀의 실력과 노력을 전혀 인정하지 않았다. 딸은 다시 어린이 승마 코치가 되고 싶지만, 그 승마장으로는 돌아가고 싶지 않았다.

사실 그녀의 고민은 누구에게나 닥칠 수 있는 어려운 문제다. 사람들은 의미 있고 재미도 있는 일을 찾으려고 애쓴다. 하지만 그것만으로는 부족하다. 반드시 대우까지 좋아서 가족들을 제대로 부양할 수 있어야 한다. 마치 병을 깨지 않고 '병 안의 거위'를 꺼내는 것과 같다. 거위와 병 모두 털끝 하나도 다치지 않고 일을 해결하기는 어렵다. 그러면 어떻게 해야 할까? 한쪽을 선택해야 할까? 실제로 V의 딸은 한쪽을 선택해보았지만 역시 만족하지 못했다.

다시 이야기로 돌아가자. V는 딸의 이야기를 묵묵히 들은 다음 이렇게 말했다. "마음을 좀 더 열어봐. 너의 의도와 목적에 집중하면서 그 힘을 믿어야 해. 이전에 승마장에서 있었던 일이나 웨이트리스로 일하면서 힘들었던 일은 다 잊고, '지금 원하는 일'에 집중하는 거야. 지금 네 주변을 둘러싼 모든 환경에 주의를 기울여. 그러면 삶이 주는 깨달음이나 도움을 얻을 수 있어!" 딸은 아빠의 조언이 뜬구름 잡는 것 같다고 생각했지만, 일단 알았다고 말하고 전화를 끊었다.

다음 날 저녁, 딸에게서 다시 전화가 왔다. "아빠! 무슨 일이 일어났는지 아세요? 말해도 못 믿으실 거예요!" 그녀는 어제 V의 충고가 크게 와닿지 않았다. 그래도 다른 수가 없으니 아버지가 말한 대로 자신의 의도와 목적에 집중하면서 지금의 생각과 감정에 주의를 기울여보기로 했다. 오후 산책 중에 걷고 또 걷던 그녀는 우연히 새로운 승마장이 개장한다는 광고를 보았다. 눈이 번쩍 뜨인 그녀는 쿵쾅거리는 가슴을 간신히 진정시키고 크게 심호흡한 후에 전화를 걸었다. 새로운 승마장의 사장은 마침 직원을 뽑는 중이며 아이들을 가르쳐줄 승마 코치도 필요하다고 말했다. 보수는 지금 웨이트리스로 일하면서 받는 돈의 두 배에 가까웠다!

V의 딸은 드디어 자신이 진정으로 원하고 대우도 좋은 일을 찾았다. 괴롭기 그지없던 두 가지 곤경에서 한번에 벗어난 것이다.

두 가지 어려운 문제에 맞닥뜨렸을 때, 대부분의 사람은 불안과 걱정에 휩싸여 어떻게든 빨리 해결 방법을 찾으려고 시도한다. 하지만 이는 자칫 자신을 더 커다란 불안과 걱정, 공포의 심연으로 밀어넣어 악순환을 만들 수 있다. 남전 선사가 육긍에게 깨우침을 준 것처럼, 작가 V가 딸에게 조언한 것처럼, 주의를 문제 자체가 아니라 자신의 의도와 목적으로 옮겨와서 고착화된 사고를 깨뜨려야 한다.

그런 마음가짐으로 문제를 마주한다면 병 안에 있는 거위를 꺼내는 문제든, 즐겁고 대우도 좋은 일을 찾는 문제든 모두 자연스럽게 해결될 것이다. 도저히 풀 수 없을 것처럼 보였던 난제들도 이제 더 이상 문제가 아니게 된다. 의도와 목적이 확고하면 타협하지 않을 수 있다. 뇌가 '두 가지 난제'라고 인식한 데 얽매이지 않기로 하는 순간, 마음이 열리고 삶이 주는 깨달음과 도움을 받아들일 수 있다.

남전 선사는 크게 손뼉을 치며 육긍을 불러서 그가 병 안의 거위를 꺼내는 문제 속에서 빠져나오게 했다. 육긍이 "예, 선사님!"이라고 대답하는 순간, 머릿속을 채운 병 안의 거위는 사라지고 그는 '지금 여기'로 돌아왔다.

휴가 등 확실한 휴식시간을 갖는 것이 중요합니다.
일과 일상의 구분을 확실히 하는 것이야말로 스트레스 관리에 정말 중요합니다.

- 수잔 워치츠키(유튜브 CEO) -

6장

아주 작은 습관의 힘

- 생활 개선 -

올해 80세인 W는 젊었을 때부터 잠을 잘 자지 못했고, 나이가 들면서 불면증이 더 심해졌다. 거의 30년 동안이나 수면제를 복용해왔으나 양이 많지는 않았다. 이런 복용 패턴은 노인들에게서 아주 흔하게 볼 수 있다. 그들은 장기적으로 소량의 수면제를 복용하는데, 약의 효능을 기대해서라기보다 '자기 전 습관'에 가깝다. 일종의 '플라시보 효과'라고 할 수 있다. 복용량이 적어서 꼭 끊지 않아도 무방하지만, W는 SMART-C 프로그램을 접하고 반드시 약을 끊겠다고 했다.

처음에 나는 약을 끊으면 잠을 자기 더 힘들 수 있고, 젊은 사람에 비해서 더 길고 괴로운 과정을 겪어야 할 수도 있다고 말했다. 그래도 그녀의 결심은 확고했다. 우리는 관련 이완훈련과 함께 자연수면 회복 3원칙 훈련을 병행했다. 약 2개월 후, W는 수면제를 끊는 데 성공하고 자연수면을 회복했다.

우리는 평생의 3분의 1을 잠자는 데 쓴다. 그만큼 수면은 인간의 기본적인 욕구이며, 만약 수면에 문제가 생기면 전체 건강이 영향을 받는다. 지금 당신의 수면에 아무런 문제가 없더라도 기본적인 수면 상식을 알아둘 필요가 있다.

━━━━━━━━ 해바라기 이야기 <20> ━━━━━━━━

20대 컴퓨터 엔지니어 X는 스트레스를 받으면 자도 잔 것 같지 않고, 어떤 날은 아예 잠을 자지 못했다. 운동을 좋아해서 퇴근 후에는 늘 헬스장으로 달려가는 그는 운동량을 늘려서 몸을 지치게 하면 잠을 푹 잘 수 있다고 생각해, 스트레스가 심한 날이면 퇴근 후 운동 강도를 훨씬 높였다. 하지만 그런 날에는 오히려 뇌가 줄곧 깨어 있어서 더 잠을 잘 수 없었다.

SMART-C 프로그램을 배운 후, 그는 운동 시간을 오전으로 옮겼다. 대신 밤에는 새로운 운동, 바로 요가를 시작했다. X는 명상운동을 배우며 요가를 완전히 새로 인식하게 되었다. 지금은 저녁에 요가를 하고 잠자리에 드는데, 이전과 달리 빨리 잠들고 수면의 질 역시 크게 좋아졌다.

이완훈련은 명상운동으로도 가능하다. 심신의학이 발전하면서 학자들은 명상운동에 더 많이 주목하기 시작했다. 예상대로 명상운동은 유산소운동 등 다른 운동 방식보다 심신 건강에 더 이로우며 다른 운동들이 해결할 수 없는 문제들을 해결한다. 잠자는 시간과 가까운 저녁에 격렬한 운동을 하면 신경이 과흥분해서 수면에 영향을 줄 수밖에 없다. 이에 반해 명상운동은 적용 범위가 훨씬 넓으며, 일종의 보조 치료 수단으로서 다양한 스트레스 관련 질환 및 감정 문제의 중재 치료에 쓰일 수 있다. 잘 알려진 요가뿐 아니라 기공 역시 유사한 작용을 한다. 동양의학에서는 사람의 몸과 마음을 하나로 보았다. 또 '천인합일(天人合一)'이라 하여 우주(하늘)와 사람도 하나로 본다. 이런 의미에서 사람이 건강을 유지하려면 반드시 우주와 자연의 규율에 순응해야 한다.

SMART-C 프로그램은 스트레스 관리를 위한 이완훈련 프로그램이지만, 그 궁극적인 목표는 전체 건강 수준을 끌어올리는 데 있다. 마지막 장인 '생활 개선'에서는 건강 상태를 전체적으로 개선하는 기본 지식과 조절법을 소개한다. 앞에서 소개한 다섯 장의 내용과 서로 보완, 활용하면 더 큰 효과를 얻을 수 있다.

스트레스에 영향을 주는
식사 습관

1. 스트레스가 초콜릿을 부르는 이유

스트레스는 매일의 식이에 분명히 영향을 미치며, 식이 습관의 변화는 대표적인 스트레스 경고 신호다. 예를 들어, 어떤 사람은 스트레스를 받으면 초콜릿 등 단 음식을 찾는다. 다음은 주요 스트레스성 식이 유형이다.

- 고탄수화물, 고지방 음식을 많이 먹는다.
- 커피나 차를 많이 마신다.
- 고당도, 고염 음식을 많이 먹는다.
- 배고프지 않아도 먹을 것을 찾는다.
- 간식을 많이 먹는다.

- 식사할 때 다른 행동을 많이 한다.

- 정찬을 먹지 않는다.

- 배고픔 신호(위통, 꼬르륵 소리, 무력감 등)를 무시한다.

- 평소보다 과식한다.

- 야식을 즐긴다.

- 불량식품을 먹는다.

2. 스트레스를 악화시키는 식습관

특별한 위장질환이 없다면 위와 같은 불량한 식이 습관은 스트레스, 특히 만성 스트레스가 일으킨 결과다. 그렇다면 스트레스성 식이는 어떻게 개선할 수 있을까? 가장 간단하고 효과적인 방법은 5장에서 소개한 '지금 여기 식사에 집중하기'다. 이외에 다음의 방법들을 시도해볼 수 있다.

- 식사 때 과일과 채소를 많이 먹는다.

- 커피나 차는 수면과 감정 변화에 영향을 주므로 주의한다.

- 배고프면 바로 먹는다.

- 식사 행위를 즐긴다.

- 주어진 음식에 감사하는 마음을 갖는다.

- 휴대전화나 TV를 보지 말고 온전히 식사에 집중한다.

- 과일, 견과류, 채소 등을 간식으로 먹는다.

- 규칙적으로 식사한다.

- 수분 섭취를 늘린다.

- 배부르면 그만 먹는다.

- 자기 전에는 먹지 않는다. 배가 고프면 아주 조금만 먹는다.

- 디저트는 과일로 선택한다.

- 소스와 국에 채소를 많이 넣는다.

- 박하, 귤, 레몬 등의 과일이나 허브로 물맛을 좋게 해서 마신다.

- 식단 피라미드의 아래층에 있는 음식을 많이 먹는다.

- 스트레스에 효과적으로 대응한다.

3. 하버드식 스트레스 해소 식단

하버드대학이 지중해 지역 사람들의 식이 습관을 분석, 연구해서 만든 일종의 '건강 식단'이다. 지중해 사람들은 평균수명이 길고 심장 질환 발병률이 낮은데, 이들은 현지에서 나는 채소, 과일, 생선, 곡물, 콩류, 올리브유를 주로 먹는다. 전문가들은 이들의 식사 습관을 건강과 장수의 비결로 꼽는다.

피라미드에서 위로 올라갈수록 적게 섭취해야 할 음식이다. 여기에 물이나 적당한 도수의 와인을 곁들여 먹는다.

- 2층: 과일, 채소, 곡물(대부분 통밀), 올리브유, 콩류, 견과류, 씨앗류, 허브, 향신료

- 3층: 어류와 해산물, 가금류, 알류, 치즈, 요거트

- 4층: 육류(붉은 고기), 디저트

1층은 왜 없는지 궁금할 것이다. 1층은 지중해식 식단 피라미드가 다른 건강식단과 구별되는 핵심이다. 여기에는 뜻밖에도 음식이 아니라 '건강한 생활', 즉 매일 규칙적으로 운동하고 사람들과 어울리면서 즐겁게 식사하는 행위가 들어간다.

　　식사는 우리가 일과 생활을 원활하게 하는 데 필요한 필수 에너지를 제공하며, 건강을 추구하고 유지하는 중요한 행위다. '모든 병은 입으로 들어온다'는 말이 있다. 그만큼 먹는 것이 중요하며 건강에 결정적인 영향을 미친다는 의미다. 건강한 음식 섭취와 함께 꼭 필요한 것이 운동이다. 저염·저지방 식단에 규칙적인 운동을 더한 건강한 생활 습관의 중요성을 모르는 사람은 아마 없을 것이다. 소통도 중요한 요소다. 좋아하는 사람들과 맛있는 음식을 함께 먹는 즐거움을 느끼

하버드 지중해식 식단 피라미드

는 행위 자체가 우리를 더 건강하게 만든다.

　동양 사회에는 가족, 친구, 동료들이 모두 함께 모여 앉아서 왁자지껄하게 떠들며 식사하는 문화가 있다. 이런 전통적인 식사 방식은 부정적 감정을 배출하고 스트레스를 완화하는 데 효과적이다. 여기에 지중해식 식단 피라미드가 제안하는 건강한 음식으로 메뉴를 구성한다면 더할 나위 없이 좋다!

4. 균형 잡힌 한 끼 식사

　건강한 식이와 관련한 또 다른 제안으로 '균형 잡힌 한 끼(Balance your plate)'를 들 수 있다. 서양에서는 하나의 접시에 음식을 담아 먹는데 보통 소고기, 닭고기, 생선 요리를 중심으로 약간의 채소와 과일 등을 곁들인다. 이렇게 만들어진 한 끼 접시는 대체로 고염분, 고열량, 저영양의 '불균형한 식사'다. 이를 개선하기 위한 제안이 바로 '균형

균형 잡힌 한 끼 식사

잡힌 한 끼'다. 미국 농무부(USDA)가 최근에 발표한 균형 잡힌 한 끼는 곡물(통밀), 단백질, 채소와 과일로 구성되었으며 비율은 앞의 그림과 같다. 물론 동양인은 접시 하나에 식사하지 않지만, 시도해볼 만하지 않은가? 다음 한 끼 정도는 접시 하나를 준비하고 그림을 참고해서 비율에 맞춰 음식을 담아보자. 채소와 과일을 최대한 많이 담으면 보기에도 좋고, 먹을 때도 포만감이 들 것이다.

운동 습관

1. 명상운동

일반적으로 운동은 유산소운동, 근력운동, 명상운동으로 나눌 수 있다.

- 유산소운동: 걷기, 조깅, 자전거 타기, 수영 등 편안한 호흡 리듬을 유지하며 지방과 탄수화물을 소모하는 운동.
- 근력운동: 근육에 무게 자극을 줌으로써 근력을 강화하고 강한 체력을 기르는 운동.
- 명상운동: 몸의 움직임과 함께 생각을 집중하는 데 초점을 맞추는 운동.

명상운동은 천천히 몸을 이완하고, 동태(動態)에서 정태(靜態)로 흘러가듯이 움직이며 고정된 방식이 없다는 특징이 있다. 또 호흡에 주목하면서 호흡을 통해 몸을 이완하며 에너지를 보충한다. 전 세계적으로 가장 보편화된 명상운동으로는 요가, 기공, 태극권을 들 수 있다. 세 가지 모두 스트레스 완화에 효과적이지만, 약간의 차이는 있다.

- 요가: 호흡을 강조한다.
- 기공: 기(氣)의 흐름을 느끼고 주목한다.
- 태극권: 움직임이나 자세를 강조한다.

명상운동을 할 때는 다음 세 가지에 주의해야 한다.

- 몸이 좋지 않을 때는 동작의 폭을 너무 크게 하지 않는다.
- 신체 곳곳의 감각을 느껴야 한다. 통증이나 어지러움을 일으키는 동작이나 호흡 방식은 피한다.
- 의식적으로 훈련에 집중해야 한다. 정신이 흐트러졌다면 주의를 다시 훈련으로 돌린다.

2. 스트레스를 완화하는 14가지 요가

1) 좌식 요가
의자 좌판의 절반까지만 앉는다. 허리를 곧게 세우고, 두 눈은 가볍게 감은 채 살짝 미소를 짓는다.

- 복식호흡: 두 손을 아랫배에 올린다. 코로 숨을 들이마시면 아랫배가 풍선처럼 불룩하게 되고, 입으로 숨을 내뱉으면 아랫배가 다시 원상태로 돌아온다. 천천히 5회 반복한다.

- 목 돌리기: 자연스럽게 호흡하면서 두 손은 몸 양쪽에 내려둔다. 등을 꼿꼿이 세우고 턱을 당겨서 가슴 가까이 붙인다. 턱의 긴장을 유지하면서 턱으로 왼쪽 어깨를 본다고 생각하며 머리를 천천히 왼쪽으로 돌린다. 정지하고 3회 호흡한다. 긴장을 유지하면서 턱을 다시 가슴 앞으로 가져온다. 턱의 긴장을 유지하면서 턱으로 오른쪽 어깨를 본다고 생각하며 머리를 천천히 오른쪽으로 돌린다. 정지하고 3회 호흡한다. 긴장을 유지하면서 턱을 다시 가슴 앞으로 가져온다. 최대한 자연스럽게 천천히 호흡한다. 좌우 1회 한 세트를 3회 반복한 후, 목의 감각을 느껴본다.

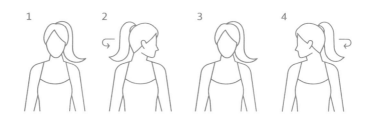

- 목 당기기: 등을 꼿꼿이 세우고 왼쪽 귀를 천천히 왼쪽 어깨에 가까이 붙인다. 이때 오른쪽 어깨가 따라가지 않도록 한다. 그대로 정지하고 3회 호흡한다. 천천히 머리를 바로 한 후, 이번에는 오른쪽 귀를 오른쪽 어깨에 붙인다. 역시 왼쪽 어깨가 따라가지 않도록 한다. 그대로 정지하고 3회 호흡한 후, 천천히 머리를 바로한다. 좌우 1회 한 세트를 3회 반복한 후, 목의 감각을 느껴본다.

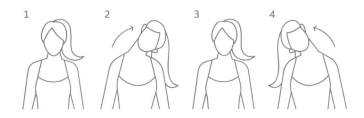

• 어깨 올리기: 양쪽 어깨를 위로 올려 최대한 귀 가까이에 붙인다. 그대로 정지하고 3회 호흡한다. 어깨를 내리면 내려가는 소리가 들릴 수도 있다. 5회 반복한 후, 양쪽 어깨의 감각을 느껴본다.

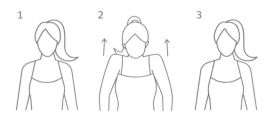

• 척추 구부리기: 두 손으로 부드럽게 무릎을 잡는다. 앞쪽으로 가슴을 쑥 내밀면서 등을 거꾸로 된 활 모양으로 만든다. 이때 눈은 위를 향한다. 다시 턱을 가슴 가까이에 당기고 어깨를 가운데로 모으면서 등을 활 모양으로 만든다. 이때 눈은 아래를 향한다. 동작에 따라 허리를 천천히 앞뒤로 이동하면서 5회 반복한 후, 등과 몸통의 감각을 느껴본다.

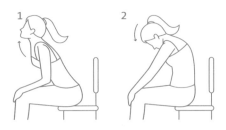

- 상체 회전하기: 똑바로 꼿꼿이 앉는다. 몸을 왼쪽으로 돌려 오른손을 왼쪽 무릎에 올리고, 왼손은 의자 좌판의 왼쪽 뒷부분에 놓는다. 그대로 정지하고 천천히 3회 호흡한 후, 몸을 정면으로 되돌린다. 다시 몸을 오른쪽으로 돌려 왼손을 오른쪽 무릎에 올리고, 오른손은 의자 좌판의 오른쪽 뒷부분에 놓는다. 그대로 정지하고 천천히 3회 호흡한 후, 몸을 정면으로 되돌린다. 좌우 1회한 세트를 3회 반복한 후, 상반신의 감각을 느껴본다.

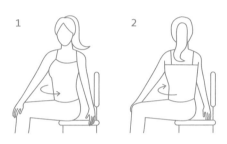

- 옆구리 스트레칭: 두 팔을 위로 올리고 머리 뒤로 교차해서 오른손은 왼쪽 팔꿈치를, 왼손은 오른쪽 팔꿈치를 잡는다. 상반신 몸통을 왼쪽으로 천천히 구부린다. 그대로 정지하고 3회 호흡한 후, 몸을 세운다. 다시 상반신 몸통을 오른쪽으로 천천히 구부린다. 그대로 정지하고 3회 호흡한 후, 몸을 세운다. 좌우 1회 한 세트를 3회 반복한 후, 상반신의 감각을 느껴본다.

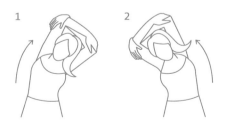

- 팔 스트레칭: 두 팔을 쭉 펴서 올리고 머리 뒤로 보낸다. 팔은 직선을 유지하고 손바닥은 위로 향한다. 그대로 정지하고 3회 호흡한다. 이번에는 두 팔을 쭉 펴서 아래로 내린다. 팔은 직선을 유지하고 손바닥은 아래로 향한다. 그대로 정지하고 3회 호흡한다. 총 5회 반복한 후, 팔의 감각을 느껴본다.

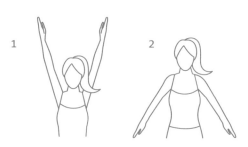

- 손 요가: 가볍게 주먹을 쥐고 시계 방향으로 천천히 손목을 돌리고, 다시 반시계 방향으로 천천히 손목을 돌린다. 왼손과 오른손 각각 3회 반복한다. 이번에는 손가락 다섯 개를 하나로 모아서 새 부리처럼 만들고 3회 호흡한다. 손가락 관절을 구부려서 호랑이 발톱처럼 만들고 3회 호흡한다. 열 손가락을 쫙 펴서 부채 모양으로 만들고 3회 호흡한다. 열 손가락을 쫙 펴서 인사하듯이 좌우로 움직이면서 3회 호흡한다. 모든 동작을 마치고 손의 감각을 느껴본다.

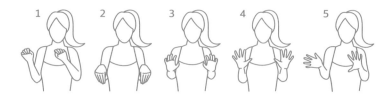

- 다리 스트레칭: 오른쪽 다리를 천천히 앞으로 뻗는다. 발끝은 앞을 향하고, 발등을 팽팽하게 편다. 그런 다음 발끝을 위로 향해서 발꿈치 부분이 당기게 한다. 다시 발끝을 앞으로 밀고 발등을 팽팽하게 한다. 전체 과정을 3회 반복한 후, 다리를 내리고 감각을 느껴본다. 똑같은 방법으로 왼쪽 다리도 전체 과정을 3회 반복한 후, 다리를 내리고 감각을 느껴본다.

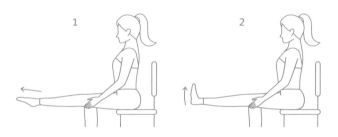

- 아기 자세: 머리가 무거운 물체라고 상상해보자. 천천히 머리를 숙이고 허리를 구부리고 어깨와 몸통을 앞으로 당기면서 무릎 아래까지 내린다. 등은 활처럼 구부리고 양손은 아래로 늘어뜨린다. 이 상태로 정지하고 1에서 30까지 센다. 천천히 호흡하면서 모든 스트레스를 내보낸다. 다시 천천히 머리를 들고 상반신을 일으키면서 척추의 뼈들이 아래에서 위로 하나씩 천천히 곧게 펴지는 느낌을 살핀다. 동작이 끝나면 상반신의 감각을 느껴본다.

2) 입식 요가

• 산 자세: 서 있는 자세의 기본이다. 두 발을 주먹 하나 정도 간격으로 나란히 벌리고 바르게 선다. 체중은 발 중심에 둔다. 몸이 앞이나 뒤로 향하지 않고 곧게 서야 한다. 엉덩이가 뒤로 빠지지 않도록 조심하면서 바른 자세를 유지한다. 자신의 몸을 지면에서 솟아오르는 산이라고 상상하면서 위로 쭉 뻗어준다. 누군가 위에서 당신의 정수리를 당긴다고 생각하면 척추와 목뼈가 똑바로 펴질 것이다. 두 손은 허벅지 옆에 편안하게 내려둔다. 턱과 얼굴, 어깨의 힘을 빼면서 천천히 호흡한다. 내면의 힘을 느끼면서 모든 스트레스를 내보낸다.

• 균형 스트레칭: 산 자세에서 두 팔을 머리 위로 쭉 올리고 손바닥을 맞붙인다. 동시에 발꿈치를 들어올린다. 이대로 3회 호흡한 후, 천천히 두 팔과 발꿈치를 내린다. 전방에 있는 사물 하나를 정해 주시하면 균형을 잡는 데 도움이 될 것이다. 5회 반복한다.

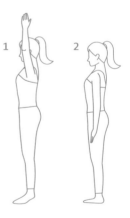

• 균형 자세: 산 자세에서 몸의 무게중심을 왼쪽 발로 옮긴다. 오른쪽 무릎을 구부려 왼쪽 다리 종아리에 발을 붙인다. 여기까지 안

정된 자세로 서면 팔을 가슴 앞에서 합장하듯이 모은다. 이대로 3회 심호흡한다. 합장 자세를 유지하면서 두 팔을 머리 위로 올리고 3회 심호흡한다. 전방에 있는 사물 하나를 정해 주시하면 균형을 잡는 데 도움이 된다. 두 팔과 오른쪽 다리를 내려 산 자세로 선다. 다시 몸의 무게중심을 오른쪽 발로 옮긴다. 왼쪽 무릎을 구부려 오른쪽 다리 종아리에 발을 붙인다. 여기까지 안정된 자세로 서면 팔을 가슴 앞에서 합장하듯이 모은다. 이대로 3회 심호흡한다. 합장 자세를 유지하면서 두 팔을 머리 위로 올리고 3회 심호흡한다. 두 팔과 왼쪽 다리를 내려 산 자세로 돌아온다.

요가, 기공, 태극권은 대표적인 명상운동이다. 스트레스 관리법으로 어느 것이 더 좋다고 말할 수 없으며, 각자의 흥미와 상황에 따라 가장 적합한 것으로 선택하면 된다. 몸매관리나 노인용 운동이라는 편견은 버려라. 남녀노소 누구나 할 수 있으며 스트레스 관리법으로 효과가 탁월하다.

수면 습관 3원칙

제1원칙

졸리지 않으면 자지 않는다! 잠은 인간의 본능으로, 학습할 필요가 없는 일이다. 모든 사람은 태어날 때부터 자는 법을 알고 있으며, 피곤해지면 자연스럽게 자고 싶어진다. 잠을 잘 못 잔다고 일부러 일찍 잠자리에 들 필요도 없다. 말똥말똥 깬 채로 계속 누워 있어 봤자 안 좋은 습관만 생긴다. 침대란 잘 때 쓰는 가구이지, 깨어 있을 때 누우려고 가져다놓은 것이 아니다. 어떤 사람들은 침대에서는 못 자면서 소파나 다른 곳에서는 금방 잠이 든다. 이 역시 깬 채로 침대에 누워 있는 안 좋은 습관이 만든 결과다.

제2원칙

30분 이상 잠들지 못하면 바로 일어난다! 제1원칙과 같은 이유로,

자려고 누웠어도 잠이 들지 않으면 바로 일어나야 한다. 일어나서는 쉽게 흥분 상태가 되는 일은 피하고, 천천히 집안을 걷거나 간단한 이완훈련을 하다가 졸리면 다시 침대로 돌아간다. 만약 이때도 잠들지 못하면 다시 일어나야 한다. 밤마다 이렇게 고생해야 하나 싶어 걱정할 필요는 없다. 다른 두 가지 원칙을 모두 지키면 곧 자연수면을 회복할 수 있다. 이 제2원칙은 자다가 여러 번 깨거나 너무 일찍 깨는 상황에도 적용할 수 있다.

제3원칙

반드시 정해진 시간에 일어난다! 지난밤에 잘 잤든 못 잤든 일어나는 시간은 항상 일정해야 한다. 밤에 잘 못 잤다고 잠을 보충할수록 당신의 수면 상황은 엉망진창이 될 것이다. 특히 오전이나 낮에 더 자려고 해서는 안 된다. 낮잠을 자더라도 반드시 30분 이내여야 한다. 이완훈련으로 낮잠을 대체해도 좋다.

수면은 생체리듬을 반영하며 자연 규율과도 맞물려 있다. 태양이 아침부터 정오까지 떠오르는 동안 우리 인체는 흥분을 담당하는 교감신경이 주로 작용한다. 만약 이때 교감신경이 자연적으로 흥분하지 않으면 흥분시키는 방법을 찾아야 한다. 아침에 일어나서 즉각 세수하거나 나가서 운동하는 식으로 말이다. 정오부터 저녁까지는 안정을 담당하는 부교감신경이 주로 작용하면서 휴식과 이완을 준비한다. 그래서 밤에 자기 전에는 흥분할 만한 일을 하지 않는 편이 가장 좋다. 인위적으로 교감신경을 과도하게 흥분시키면 수면에 악영향을 미칠 수밖에 없다.

관계 습관

연구에 따르면 사회적 지지는 심신 회복의 중요한 버팀목이다. 만성 스트레스를 처리할 때 우선적으로 필요한 것이 바로 사회적 지지다. 우리는 기분이 가라앉고 불안과 초조함이 엄습하면 주변 사람들을 밀어내는 경향이 있다. 장기적으로 보았을 때 이런 행위는 사회적 지지를 약화시켜 더 많은 스트레스를 유발할 수 있다.

사회적 지지의 스트레스 완충 작용은 류머티즘, 다발성 경화, 뇌혈관질환, 암 등 여러 질병의 발병률과 사망률을 낮춘다. 실제로 사회적 지지 부족으로 인한 사망률은 고혈압, 니코틴 의존 및 비만에 의한 사망률과 같다. 사회적 지지는 외상 후 스트레스 장애 및 외상 후 우울증을 완화하는 효과가 있다. 또 전쟁으로 인한 심신장애, 가정불화, 업무 과다, 해고, 불공평 등 각종 스트레스 및 유전성 우울증의 위험에 일종의 '보호막' 역할을 한다.

사회적 지지는 다양한 형식으로 드러난다. 각각의 차이를 이해하고, 자신이 무엇을 가지고 있으며 또 무엇이 필요한지 확인해보자.

- 감정 지지: 타인으로부터 이해되고 수용된다는 느낌으로, 우호적인 말이나 응원의 동작에서 드러난다. 스트레스 해소에 효과적인 적응반응을 일으킨다.
- 정보 지지: 지식을 이해하고 찾을 수 있게 해준다. 예컨대 새로운 지식이나 정보, 기술을 배우려고 지역사회의 조직이나 기구에 문의할 때 정보 지지를 얻을 수 있다.
- 실제 지지: 실제 필요를 충족시켜준다. 지금 당신은 친구에게 전화 걸어 도움을 요청할 수 있는가?
- 긍정 지지: 타인의 긍정을 얻어서 중시되거나 존중받는 것을 의미한다. 가정이나 직장은 물론이고 봉사를 하면서도 긍정 지지를 얻을 수 있다. 존중받지 못하는 느낌은 엄청난 스트레스를 일으킨다. 자기가치 인식은 심신 회복력 강화에 큰 영향을 미친다.
- 귀속 지지: 자신이 모종의 전체, 예를 들어 지역사회, 전문 분야 그룹, 가정 등의 일부분이라고 느끼는 것이다. 스트레스 완충의 관건 요소인 안전감, 역량, 기쁨 등은 넓은 범위의 사회 연계를 통해 강화될 수 있다.

생각해보자. 나는 어떤 사회적 지지를 보유했는가? 나는 타인에게 어떤 사회적 지지를 보내고 있나? 이외에 다른 유형의 사회적 지지가 있나? 지금의 사회적 지지는 나에게 유용한가? 나는 나의 사회적 지지를 잘 이용하고 있나?

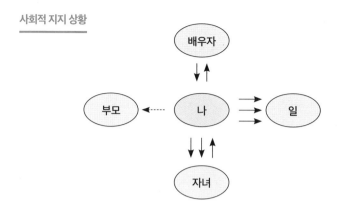

사회적 지지는 긍정적 감정 표현과 사교 기능 향상, 그리고 받거나 보내는 지지에 대한 열린 태도를 통해 향상될 수 있다. 여기서도 이완 훈련은 좋은 보조 역할을 한다.

위 그림을 참고해 자신의 사회적 지지 상황을 그려보자. 10~15분의 시간을 할애해 지금 내가 얼마만큼의 사회적 지지를 받거나 보내고 있는지 그려봄으로써 사회적 지지 상황을 파악할 수 있다. 사회적 지지를 주고받는 일은 일종의 에너지 교환과 비슷하다. 자신을 도표의 중심에 두고 각종 관계에서 주고받는 상황을 화살표로 표시한다. 화살표가 나로부터 외부로 향하면 보내는 사회적 지지, 내부로 향하면 받는 사회적 지지다. 화살표 개수를 늘리거나 색을 진하게 해서 지지의 양을 표시할 수 있다. 발전하기를 바라는 사회적 지지는 화살표를 점선으로 그린다.

혹시 깜짝 놀란 부분이 있는가? 당신은 어떤 종류의 사회적 지지가 더 필요한가? 어떤 종류의 사회적 지지를 누구에게 보내고자 하는가? 어떤 관계에서 화살표 수량에 놀랐는가? 불균형한 부분이 있는가? 균형적인 관계라면 나가고 들어온 화살표의 양이 비슷해야 한다. 불균형한 관계가 있다면 수정이 필요한가, 아니면 그대로 두어도 괜찮은가? 만약 부모님을 위해 많은 돈을 썼다고 느낀다면 조금 줄이는 방안을 고려하거나, 부모님이 나를 키우면서 들인 돈을 생각해보고 감사하며 조금이라도 갚았다고 생각할 수도 있다.

일정한 기간마다 사회적 지지 상황도를 그려보면서 자신의 사회적 지지 상황을 파악하고 필요하다면 조정하자.

창의력의 재발견

창의력이란 매우 탄력적인 표현 방식이다. 창의력 있는 말솜씨는 고도의 적응력을 갖춘 사람들의 중요한 특징 중 하나다. 또 창의력은 행복과 밀접한 관계가 있다. 한 사람의 창의력이 타인에게 이익을 줄 때, 행복감은 크게 증가한다. 창의적인 행동을 하는 것은 자기관심(self-interest)을 확대하고 긍정적 의미를 생산하는 중요한 수단으로, 스트레스 경감에 도움이 된다. 그 첫걸음은 창의력의 정의를 확대하는 것이다. 전통적 의미에서 창의력은 음악, 그림, 문학 등 예술 분야에서 주로 쓰이는 말이었지만, 이제는 일상생활에서 창의력을 키울 수 있는 분야를 발굴하고 활용해야 한다. 주로 다음의 몇 가지가 있다.

- 식사 준비 혹은 케이크 굽기
- 집을 더 편안하고 아름답게 꾸미기
- 옷차림으로 나를 표현하기
- 이야기하기
- 노래하기
- 언어유희 즐기기

창의력은 모든 사람에게 잠재해 있다. 창의력은 매우 중요한 자기표현 방식으로 자신과 생활에 더 많이 집중하게 해준다. 당신이 좋아하는 창의적인 표현 방식은 무엇인가? 실제로 그렇게 하고 있는가? 혹시 예전에는 자주 했는데 지금은 그만두지 않았는가?

멘탈이 강한 사람들의 7가지 언어 습관

대학교수이자 심리치료사인 에이미 모린(Amy Morin)이 웹진 라이프핵에 〈멘탈이 강한 사람은 하지 않는 13가지〉라는 칼럼을 기고했고 이는 순식간에 수천만 조회수를 기록하며 화제가 되었다. 그녀는 또한 멘탈이 강한 사람들이 자주 사용하는 7가지 언어 습관에 대해서도 언급한 바 있는데 다음과 같다.

① 제게 맞는 건지 생각해 볼게요 조언이나 권유를 덥석 받아들이지 않고 자신이 정말 원하는 것인지 먼저 생각해 본다.

② 제가 추구하는 방향과 일치하는지 살펴볼게요 자신을 과대평가하지 않고 아무리 좋은 제안이라도 자신의 가치관과 일치하는지 꼼꼼히 따져본다. 하려는 일이 나의 가치관에 부합하는지가 중요하다.

③ 좀 더 얘기해보세요 상대방이 하고 싶은 말을 하도록 이끌면서 그들의 관점을 이해하며 자신의 시야를 넓힌다.

④ 어렵긴 하지만 해낼 수 있어요 자신이 처한 환경이나 맡은 업무가 어렵다고 불평하지 않는다. 역경을 견뎌나가는 데 에너지와 노력을 쏟아 붓는다.

⑤ 미안합니다 잘못한 부분이 있으면 머뭇거리지 않고 사과한다. 자기 책임에 대해 변명하는 것은 정신적으로 약한 사람의 특징이다.

⑥ 아뇨, 저는 괜찮아요 주변 분위기에 휩쓸리지 않고 아니라고 판단될 때는 단호히 아니라고 말하며 거절한다.

⑦ 그래도 나아지고 있어요 실수나 실패에 주눅 들지 않는다. 실수나 실패는 더 나아질 수 있는 잠재력을 갖고 있다는 의미다.

- 출처: 머니투데이(2019.05.04.)

- 스트레스를 두려워하지 말자. 같은 상황이 다시 발생할까 봐 미리 두려워할 필요는 없다. 예를 들어, 사람은 평생 살면서 몇 차례 단기 불면 증상을 경험한다. 이는 지극히 정상적인 현상이다. 스트레스를 마주했을 때, 우리는 얼마든지 구부러지기도 하고 늘어나기도 하는 탄성 뛰어난 용수철이 되어야 한다.

- 신체, 감정, 생각, 행위, 관계 등에서 스트레스 경고 신호를 살핀다.

- 부정적 자동적 사고를 식별한다.

- 매일 1~2회, 20~30분씩 가장 좋아하고 자신에게 맞는 이완훈련을 수행한다.

- 호흡에 집중하기만 해도 스트레스에 대응할 수 있다. 특히 외부 환경을 통제할 수 없을 때 효과적이다.

- 일상생활 중 다양한 미니 이완훈련으로 스트레스에 대응할 수 있다. 특히 급성 스트레스 사건이 발생했을 때 유용하다.

- 다양한 일상 훈련을 수행한다.

- '지금 여기에 집중하기'를 생활신조로 삼아 몸에 익혀서 평소의 식사나 걷기에 적용한다.

- 부정적 사건에서 긍정적 의미를 찾자. 부정적 사고를 긍정적이고 문제해결에 도움이 되는 사고로 바꾼다.

- 스트레스 대응 일기를 쓴다.
- 자신을 즐겁고 편안하게 만드는 일을 한다.
- 정기적으로 자신의 사회적 지지 상황을 확인한다.
- 감사 일기를 쓴다.
- 공감 능력을 훈련한다.
- '기억-느끼기-기록-선택'이 긍정적 감정을 일으킨다.
- 요가, 기공 등의 명상운동으로 스트레스를 해소한다.
- 호기심을 잃지 말고 변화를 받아들이자. 마음을 열고 모든 가능성을 대면하면 공포와 의문이 사라질 것이다.
- 나는 나다! 바로 지금 이 순간의 나를 받아들이자.
- 개방적인 태도로 삶의 가르침을 받아들인다. 더 자세히 관찰하고 먼저 평가하지 않는다.
- 단기 훈련과 장기 훈련은 당연히 효과가 다를 수밖에 없다. 가장 좋은 태도는 인내심을 갖고 꾸준히 지속하는 것이다.

이 책을 읽는 모든 이가 과학적인 스트레스 관리법을 익혀 심신 건강을 유지하면서, 회복력 강한 삶을 살기를 간절히 바란다.

| | 1. 심신 살피기 | 2. 인지 향상 | 3. 모듈 감정 배출 | |
			뇌 피질이 만든 부정적 감정	편도체가 만든 부정적 감정
일상 훈련	스트레스 경고 신호 살피기	스트레스 대응 일기	생각 치환	
	에너지 배터리 확인	일상 공유	생각 멈춤	
			감정 채널 전환	
이완 훈련	호흡 살피기		부정적(비관적) 감정을 다스리는 명상	주먹 쥐기
	보디스캔		긍정적(낙관적) 감정을 강화하는 명상	
	이완 유도			
	점진적 이완			
	집중과 확장			
미니 훈련	복식호흡		이공기술을 이용한 감정 처리	복식호흡
			물거품 명상을 이용한 훈련	신체 반응 훈련

4. 감정 깨우기	5. 지금 여기에 집중하기	6. 생활 개선
기분 좋은 느낌 찾기	지금 여기 식사에 집중하기	명상운동
긍정적 공유	지금 여기 걷기에 집중하기	사회적 지지
이상적 자기		
포스트잇 훈련		
감사 일기 쓰기		
공감 능력 훈련		
즐거운 일 발견하기		
긍정적(낙관적) 감정을 강화하는 명상	호흡 살피기	요가
자비 명상	지금 여기 소리에 집중하기	
상상 명상	지금 여기 생각에 집중하기	
	지금 여기 동작에 집중하기	

옮긴이 | 송은진

한국외국어대학교 중국어과를 졸업하고 동 대학원에서 중국 정치학 석사 학위를 취득했다. 상하이 복단대학과 베이징 대외경제무역대학에서 수학했다. 책임질 수 있는 번역을 위해 모든 작품에 최선을 다한다. 현재 중국어 통역가, 강사로 일하는 동시에 번역 에이전시 엔터스코리아에서 출판기획 및 중국어 전문 번역가로 활동하고 있다.
옮긴 책으로는《CEO의 코스요리》,《퇴근길 심리학 공부》,《하버드 협상 강의》,《당신이 만나는 기적》, 《위기를 경영하라》,《하버드 인생특강》,《논어로 리드하라》,《하버드 감정 수업》,《모두에게 좋은 사람일 수 없다》등이 있다.

하버드 스트레스 수업

초판 1쇄 발행 2021년 4월 1일
초판 2쇄 인쇄 2021년 5월 30일

지은이 | 왕팡
옮긴이 | 송은진

발행인 | 유영준
편집팀 | 오향림 한주희
교정교열 | 이숙
디자인 | 김윤남디자인
인쇄 | 두성P&L
발행처 | 와이즈맵
출판신고 | 제2017-000130호(2017년 1월 11일)

주소 | 서울 강남구 봉은사로16길 14, 나우빌딩 4층 쉐어원오피스(우편번호 06124)
전화 | (02)554-2948
팩스 | (02)554-2949
홈페이지 | www.wisemap.co.kr

ISBN 979-11-89328-40-5 (03190)